EDIÇÃO REVISADA E AMPLIADA

Hernandes Dias Lopes

Parábola do BAMBU

Princípios para uma vida vitoriosa

© 2008 por Hernandes Dias Lopes

1ª edição: janeiro de 2017
2ª reimpressão: dezembro de 2021

REVISÃO
Josemar de S. Pinto
Letras Reformadas

CAPA
Maquinaria Studio

DIAGRAMAÇÃO
Letras Reformadas

EDITOR
Aldo Menezes

COORDENADOR DE PRODUÇÃO
Mauro Terrengui

IMPRESSÃO E ACABAMENTO
Imprensa da Fé

As opiniões, as interpretações e os conceitos emitidos nesta obra são de responsabilidade do autor e não refletem necessariamente o ponto de vista da Hagnos.

Todos os direitos desta edição reservados à
EDITORA HAGNOS LTDA.
Av. Jacinto Júlio, 27
04815-160 — São Paulo, SP
Tel.: (11) 5668-5668

E-mail: hagnos@hagnos.com.br
Home page: www.hagnos.com.br

Editora associada à:

Dados Internacionais de Catalogação na Publicação (CIP)
Angélica Ilacqua CRB-8/7057

Lopes, Hernandes Dias

    Parábola do bambu: princípios para uma vida vitoriosa / Hernandes Dias Lopes. — São Paulo: Hagnos 2017.

    Edição revisada e ampliada.

    ISBN 978-85-243-0526-9

    1. Conduta de vida 2. Parábolas 3. Vida cristã I. Título

16-1148   CDD 248.4

Índices para catálogo sistemático:
1. Parábolas : Prática da Vida cristã :
Cristianismo 248.4

DEDICATÓRIA

Dedico este livro ao meu sogro, Sinval Pimentel, homem de mãos calejadas, coração terno, espírito sedento por conhecer mais o Senhor e fazer a sua vontade. Pai amoroso, crente fiel, intercessor incansável, homem segundo o coração de Deus.

SUMÁRIO

Prefácio 7
Introdução 15
Um temporal na fazenda 23

1. O bambu é oco 25
2. O bambu cresce para o céu 29
3. O bambu tem raízes profundas 35
4. O bambu não tem galhos 41
5. O bambu é cheio de nós 45
6. O bambu cresce em touceiras 53
7. O bambu é flexível 59
8. O bambu é útil 65
9. O bambu é resistente às adversidades 75
10. O bambu cresce à beira das fontes 85

Conclusão 91

PREFÁCIO

ADIANTE DE UM HOMEM DE DEUS E DE UMA PRECIOSA PARÁBOLA

EXISTEM DUAS MANEIRAS DE representar e recomendar a verdadeira religião e a virtude: uma é por intermédio da doutrina e dos preceitos; a outra, por instância e exemplo. Ambas são eficazes e fartamente usadas nas sagradas Escrituras.

Hoje Deus também tem usado desses métodos para trazer luz ao homem e despertá-lo para os assuntos celestiais. O Todo-poderoso tem levantado mestres eminentes para expor com clareza, profundidade e sabedoria a doutrina da verdade. Um exemplo disso é o que temos na excelente pessoa, singular e múltipla, do pastor Hernandes Dias Lopes.

Homem de espírito peregrino, alma alegre, mente irrequieta. Varão destemido, de personalidade prismática, formação multiface, conhecimento eclético, cultura invulgar. Plataforma de uma geração de pastores. Paladino do cristianismo. Peregrino do céu. Tempo sem hora. Luz que não se apaga. Joga exemplo no mundo. É uma águia e uma bandeira. A flor da inteligência, da coragem, do idealismo. Um homem sem nuvem na consciência nem calo no coração. Sem limites para amar e ajudar. Timbrado para grandes causas do reino de

Deus. Sua vida faz diferença na história e é um ato abençoador. Anjo de humildade que tem a fé mais alta e mais segura. Sempre procurou seguir o caminho do seu Senhor e Salvador.

Vivendo intensamente sentimentos e emoções, ele ama Deus. Amou os pais e ama os irmãos. Ama a esposa e os filhos. Ama os amigos. Ama suas ovelhas até a alma. Ama os pecadores até às lágrimas. Ama a igreja de Cristo em todas as suas denominações. Não cabe num só coração. Pastor totalmente dedicado ao seu rebanho. Pleno do Espírito Santo. Suas ungidas mensagens são o texto-legenda de cada vida e o alimento espiritual do coração do seu povo. Em sua vida e em seu ministério tem lutado arduamente por uma igreja mais autêntica, mais piedosa, mais fiel a Deus e comprometida com as verdades da sua palavra.

Pastor viageiro do Brasil, onde prega deixa gravada na alma e impregnada no coração a mensagem do verdadeiro arrependimento e a necessidade veemente de novo nascimento. Jamais poupou esforços na árdua tarefa de delatar o pecado. Não se intimida na difícil missão de denunciar as falsas doutrinas. Com a força dos combatentes, afronta heresias para não trair a sua consciência ou a verdade. Enfrenta bravamente as rajadas da metralha diabólica e as vicissitudes do combate sem tombar na luta. Não vê obstáculos intransponíveis em seu ministério. Vive sem medo dos inimigos, porque maior é o que está nele. As dificuldades e as provações jamais lhe abalaram o ânimo, pois está habituado a procurar refúgio e segurança nos braços do Senhor. Força de que tem vivido e de que há de continuar a viver.

O escritor Hernandes Dias Lopes é um grande retórico. Possui o dom de exprimir bem o que pensa e o que sente. Mestre em deleitar, instruir e mover, valendo-se da prodigiosa capacidade de imaginação aliada ao grande saber. As faculdades da consciência são portentosas. A memória lhe dá os dados necessários para o improviso, com a matéria para a forma maravilhosa de seus escritos e sermões. A associação de ideias realiza-se numa sequência esplêndida, reunindo-se elementos precisos para suas mensagens. A observação é aguda. A razão, firme. Seus escritos atingem o sublime. Há o sublime de pensamento pelas ideias profundas, grandes, vivas, elevadas. Há o sublime de sentimento na exteriorização de seus estados de alma. Há o sublime de imagens, de figuras, de ornatos, evidenciando o poder de imaginação, a capacidade de entendimento e a genialidade em estabelecer relações. E há o sublime na força de suas expressões esplêndidas. A sublimidade, ele ainda a alcança expondo a doutrina bíblica com tanta maestria, profundidade e clareza que desperta o que dormia na alma do homem e reacende o que estava apagado em sua consciência.

Em seus escritos é possível perceber os elementos do ardor e do calor emanados do seu coração. Em suas mensagens o exemplo de vida está tão presente que quase o vemos. Em suas orações o sangue é tão quente que quase nos queima. Em suas palavras parece existir um raio fulminante, que penetra no coração mais duro e inconverso. Intrépida e ungida, a pregação desse grandiloquente pastor de Deus comove corações compungidos, avigora mentes sedentas, fala às almas contritas de toda gente porque traduz seus desejos, angústias e esperanças e, ao mesmo tempo, indica rumos à luz das Escrituras, transformando vidas, porque faz-se boca de Deus, imitador de Jesus e porta-voz do Espírito Santo.

O exemplo de Jesus Cristo é o único que já existiu na natureza humana — totalmente perfeito; o que, portanto, é um critério para testar todos os outros exemplos. As disposições, as atitudes, os ensinos e as práticas de outros devem ser recomendadas e seguidas na medida que foram seguidoras de Cristo. Jesus, o mestre dos mestres, usou parábolas em seus ensinos — pérolas da literatura mundial — para ilustrar a mesma verdade em diferentes histórias; e, às vezes, a mesma história para ilustrar verdades diferentes. Suas parábolas iluminam, ensinam, encantam. É a mais fina flor da imaginação e do ensino de Jesus. Nelas o mestre das parábolas emprestou alma e linguagem até às coisas inanimadas.

Neste valiosíssimo livro, o pastor Hernandes se inspirou no modelo divino de ministrar o ensino e compôs com maestria esta preciosidade literária: a parábola do bambu, de onde extraiu profundas verdades espirituais, permitindo que o bambu — essa maravilha da natureza criada por Deus — seja o pedagogo dele para nos ministrar lições edificantes e princípios divinos para uma vida bem-sucedida aos pés do Senhor. Sorveu dessa gramínea ensinamentos abundantes como as ondas alimentadas pelas águas perenes das montanhas. Sugou do bambu fartos exemplos como as praias o são de grãos de areia. Por meio dessa parábola, o autor procura zelosamente fazer que o ensino da mensagem seja a compreensão e a elucidação das doutrinas das Escrituras e, por esse motivo, receba as recomendações e a bênção de Deus.

O estilo parabólico exibido neste livro fez que toda a ideia nascesse revestida de uma forma bela e poética que a torna ao mesmo tempo mais clara e sedutora.

O escritor usa uma forma simples, concreta e compreensível de linguagem teológica, tornando muito mais fácil a assimilação e a fixação das verdades expostas nessa "metáfora ampliada" na memória do leitor, forçando-o a reagir e tornar-se mais transformado, mais autêntico, mais cristão, mais puro, mais santo.

O pastor Hernandes passa pelas multidões semeando a palavra de Deus. Está com os pobres, alimentando-os. Acolhe os aflitos, consolando-os. Prega aos sedentos as promessas do Pai. No círculo dos eruditos ensina a simplicidade do evangelho. Na roda dos cientistas expõe as incontestáveis verdades bíblicas. Na mesa dos empresários fala do Todo-poderoso. Vivendo a vida do calor espiritual, sua alma é fogo. E é por isso que suas palavras e seus escritos são vivos e vibrantes, impregnados ainda, e para os séculos, do calor de sua vida, da vibratilidade de sua alma e do fogo de sua inteligência. Em tudo é um servo a serviço de Deus. Um cristão genuíno educado no céu. Sua vida tem uma altura só atingida pelos eleitos.

Na vida desse mensageiro do evangelho e triunfante príncipe dos púlpitos a mensagem bíblica cumpre sua missão. É dos homens mais livres à inteligência, mais conscientes ao dever e mais fiéis às Escrituras Sagradas que já conheci. Que dizer da existência real desse pastor de Deus que compreende a fortaleza dos fracos, a riqueza dos pobres, a fluência dos marginalizados?

E em tudo sua personalidade impressiona, por uma irretorquível vocação para o trato das coisas altas e nobres. Por tudo isso, o nosso querido pastor-escritor arrebata, surpreende, move e desperta sincera admiração. Em 1986, Deus me agraciou com o ensejo de conhecer esse cidadão do céu, conviver com esse conselheiro de almas, aprender com esse amoroso literato evangélico que tem sido um levedo santo para a minha sensibilidade espiritual, uma espada luminosa de talento na minha formação cristã e um instrumento de um mui notável despertamento na minha querida Igreja Metodista.

Que este livro redunde mais para a glória de Deus, a edificação da igreja de Cristo e os seus leitores sejam ricamente abençoados.

Agradeço ao Deus da glória pela vida piedosa desse ministro do evangelho, e que o Senhor continue usando esse vaso de honra para a pregação de sua palavra, no testemunho, no púlpito e na literatura.

Se a Deus parecer bem fazer uso desta obra na propagação da verdade do evangelho, nós lhe seremos profundamente agradecidos.

Antônio Eloy Spinola, sua ovelha metodista.
Vitória, ES

INTRODUÇÃO

JESUS FOI UM GRANDE contador de parábolas. Ele tirava lições profundas das coisas mais simples e as colocava ao alcance de todos. Jesus usou as figuras mais comuns para ensinar as verdades mais profundas e extraordinárias. A natureza era para Jesus uma fonte inesgotável de inspiração. Ele ilustrava suas mensagens com os símbolos que fazem parte do nosso dia a dia. O mundo à sua volta era um reservatório inexaurível de ilustrações e um tesouro de onde tirava as joias mais lindas para encantar as multidões. As figuras falam mais do que as palavras. Os símbolos são mais eloquentes do que os discursos.

Quando Jesus falou sobre a influência e a responsabilidade da igreja na sociedade, não fez um discurso rebuscado com citações dos grandes pensadores da sua época. Simplesmente usou duas figuras que todos conhecem: o sal e a luz. As figuras falam por si mesmas; são autoexplicativas. O sal mostra três verdades fundamentais sobre a influência da igreja no mundo. Primeira: coíbe a decomposição. O sal é antisséptico. O sal inibe a degeneração. A presença e a ação da igreja no mundo devem refrear o processo de corrupção e degeneração da sociedade. A presença da igreja na sociedade é saneadora. Ela inibe e coíbe o mal. Segunda: provoca sede. A presença da igreja no mundo deve provocar sede de Deus nas pessoas. A igreja atrai as pessoas para Deus através do seu estilo de vida. Terceira: dá sabor. Sem sal a comida fica insossa, insípida e difícil de ser ingerida. A igreja tem a missão de dar sabor à vida, transformar o ambiente onde vive e ser instrumento de Deus para aqueles que vivem sem esperança, a fim de que experimentem a alegria indizível de conhecer o Filho de Deus. O nosso lar precisa ser mais feliz e cheio de amor pelo fato de estarmos lá. Nossa sala de aula precisa ser um ambiente mais saudável e alegre porque estamos presentes ali. Nosso local de trabalho precisa ser mais humano e cheio de alegria pelo fato de convivermos ali. As nossas palavras necessitam ser temperadas com sal. Precisamos ter nos lábios palavras de vida, palavras que provoquem apetite pela vida nas pessoas.

A figura da luz também é extraordinária. A luz fala da pureza. A luz afasta as trevas. A luz avisa sobre os perigos. A luz aponta rumos e dá direções. A luz não pode ficar escondida. Ela existe para brilhar e para ser vista por todos. Sem luz não há vida. Sem luz não existe o processo da fotossíntese. Até mesmo nas regiões abissais dos oceanos, onde as plantas aquáticas necessitam passar por esse processo, alguns peixes são usados como holofotes da natureza, emitindo ondas de luz a fim de que ele seja realizado. A igreja é como a luz. Ela é filha da luz. Ela anda na luz. Ela aponta os perigos e orienta o caminho.

Quando Jesus quis falar sobre a sua relação com seus discípulos, usou a figura do pastor e das ovelhas. A ovelha é um animal dócil, manso e indefeso. Ela é um animal míope que tem pouco senso de perigo. Se a ovelha não for guiada e protegida pelo pastor, torna-se presa fácil dos predadores e cai facilmente nos despenhadeiros. A ovelha é um animal sensível e frágil que necessita andar em grupo. Uma ovelha sozinha torna-se muito vulnerável. A figura que Jesus usou vale por mais de mil palavras explicativas. As figuras literárias tornam-se monumentos da memória.

Ao falar sobre o processo de frutificação na vida dos seus discípulos, Jesus não fez um discurso denso, com estilo requintado e palavras rebuscadas, nem deu uma aula com conceitos teóricos complexos. Pelo contrário, usou a figura de uma videira com os seus ramos. Jesus disse que há quatro tipos de ramos: os que não dão fruto (Jo 15.2), os que dão fruto (Jo 15.2), os que dão mais fruto (Jo 15.2) e os que dão muito fruto (Jo 15.5,8). Jesus usou os recursos da fruticultura para falar de realidades espirituais. Analogias e parábolas foram os principais instrumentos pedagógicos usados por Jesus.

Quando Jesus quis falar sobre a intensa influência do mal, não usou uma linguagem pesada e mística nem buscou dragar os porões escuros do ocultismo. Pelo contrário, usou a figura do fermento. O fermento é imperceptível, mas ele se infiltra e contamina toda a massa. Embora em pequenas doses, sua influência é notada em toda a massa.

Ensinando sobre a reação das pessoas à mensagem do evangelho, Jesus não fez um discurso sobre a psicologia comportamental das multidões nem sobre os mecanismos intrincados de defesa que as pessoas usam para driblar sua própria consciência. Antes, ele discorreu sobre diferentes tipos de solo. Usou figuras que os camponeses da Galileia podiam entender. Ele falou do solo batido, duro e calcificado pelo tropel dos camelos e pelo andar da multidão. Ele ensinou que a semente que cai à beira do caminho é pisada pelos homens e comida pelas aves. Jesus usou a estrada batida e dura para descrever o coração fechado, impenetrável. Falou do solo rochoso para descrever o coração raso, inconsistente, que tem arroubos de entusiasmo, mas não tem profundidade. Falou também do solo crivado de espinhos, que está dividido, sufocado por outros interesses, e por isso a palavra de Deus não pode frutificar. Finalmente, explicou sobre o solo fértil, adubado, fofo, ávido para ser engravidado pela semente. E, ainda assim, nem sempre o bom solo tem o mesmo desempenho. Há aquele que produz a trinta, outro a sessenta e outro ainda a cento por um.

Quando Jesus quis repreender o orgulho dos seus discípulos e dar-lhes uma aula sobre a humildade, não nomeou os grandes luminares do pensamento humano nem citou os famosos discursos dos paladinos da retórica sagrada. Simplesmente pegou uma criança e colocou-a no seu colo, dizendo-lhes que se não se humilhassem como uma criança não poderiam entrar no reino de Deus. Percebemos que as figuras, na verdade, falam mais alto do que as palavras.

Jesus referiu-se a si mesmo como a porta. Ele é a porta da salvação, da liberdade e da provisão (Jo 10.9). Ao mesmo tempo que a ovelha encontra saída e entrada, o lobo encontra uma barreira intransponível em Cristo. Também Jesus referiu-se a si mesmo como o caminho. O caminho liga um ponto ao outro. Jesus é o caminho que liga a terra ao céu, o homem a Deus. Jesus é a verdade. Ele é a verdade teológica em que eu preciso crer e a verdade moral que eu necessito ser. Ele é a verdade filosófica que satisfaz a minha mente, a verdade existencial que plenifica as minhas emoções e a verdade eterna que faz transbordar a minha alma. Jesus é a vida. Ele é a origem e o doador da vida, o sentido e o alvo da vida, o sustentador e o galardoador da vida. Jesus disse que ele é a luz do mundo, o pão da vida, o bom pastor, a ressurreição e a vida.

Ah, quantas figuras e emblemas suntuosos! Quantas histórias deslumbrantes! Quantas lições perenais! Quanta sabedoria debaixo de cada símbolo! Jesus foi o mestre por excelência pela singularidade dos seus ensinos, pela excelsitude dos seus métodos e pelo supremo propósito de suas palavras. Com ele devemos aprender para podermos ensinar. Ele é o nosso modelo mais excelente.

Desde cedo aprendi a amar histórias. Minha mãe era uma exímia contadora de histórias. Depois de um dia de trabalho intenso no campo, voltava para casa exausto, com as mãos cheias de calos, o corpo arquejado e latejando de cansaço e os pés sujos de barro. Logo ao chegar a casa, minha mãe já nos esperava com um delicioso jantar preparado no fogão a lenha. Naquela época não tínhamos luz elétrica nem fogão a gás. A noite cobria a terra de escuridão e o céu logo ficava bordejado de estrelas luzentes. Então, íamos para o alpendre da casa e minha mãe começava a contar suas lindas histórias. Adormecia em seu colo, enquanto ela dava asas à minha imaginação com seus contos cheios de encanto e poesia. Minha mãe era analfabeta. Nunca se sentou num banco de escola. Aprendeu a ler sozinha numa velha cartilha e criou um gosto apurado pela leitura da Bíblia. Conhecia bem todas as histórias. Minha mãe era uma mulher muito simples, mas tinha uma alma rica e poética. A sabedoria desfilava de seus lábios, a candura desprendia de seus gestos e a nobreza nascia de suas atitudes. Minha mãe ensinou-me as maiores lições da minha vida. Aprendi aos seus pés a andar com Deus. Aprendi com ela a gostar das histórias que Jesus contava; e a ver e apreciar a beleza, o encanto, a poesia e a riqueza da vida nos detalhes da natureza.

No quintal de nossa casa havia uma grande touceira de bambu. Estava sempre verde. Cada bambu crescia bem juntinho ao outro. Parecia ser uma forte e unida família. Eles se entrelaçavam, rangiam com a fúria do vento, se enroscavam na tempestade e chegavam a beijar o chão para logo depois fazer o seu voo para o alto novamente. Comecei, então, a observar o bambuzal, e ele me comunicou algumas lições que podem nos trazer grandes princípios para uma vida bem-sucedida. Se Jesus, o mestre supremo, usou os elementos da natureza para ensinar lições espirituais, podemos também olhar pelas janelas da natureza e ver as maravilhas divinas.

Aprendamos com o bambu. Deixemos que ele seja o pedagogo de Deus para a nossa vida.

UM TEMPORAL NA FAZENDA

As nuvens estavam escuras. O sol havia escondido seu rosto por trás das montanhas. No horizonte longínquo, as nuvens pardacentas e plúmbeas anunciavam a chegada de uma grande tempestade. Os ventos começaram a soprar com fúria. As copas das árvores esvoaçavam suas cabeleiras com as fortes rajadas de vento. Os relâmpagos luzidios riscavam os céus e os trovões ribombavam, fazendo estremecer a terra. As cortinas da luz se fecharam e as comportas do céu se abriram. Torrentes caudalosas caíram sobre a terra. As enxurradas desciam das encostas com fúria, inundando os vales.

Após a tormenta, uma criança assustada chegou à varanda da sua casa, na fazenda, e viu, surpresa, que aquela árvore frondosa e soberbamente empinada aos céus, que adornava a paisagem da casa, estava no chão. Imediatamente, gritou ao seu avô, perguntando: "Vovô, como o senhor me explica que esta grande árvore, que precisava de quatro homens para abraçar o seu tronco, caiu, enquanto aquele frágil pé de bambu prevaleceu na tempestade e não caiu?" O avô levou o menino até aquela árvore caída e logo notou que ela estava toda oca. Disse, então, para o seu netinho: "Meu querido neto, esta árvore frondosa e forte, com o tempo foi ficando oca. Todas as pessoas olhavam para ela e pensavam que era uma árvore saudável. Ela tinha uma bela aparência. Seu tronco parecia ser muito resistente. Seus galhos eram frondosos. Mas ela, aos poucos, foi ficando oca. Ela só tinha aparência de forte, mas estava podre por dentro. Ela era uma coisa, mas parecia ser outra".

O neto, então, retrucou: "Mas, vovô, ninguém podia notar que esta árvore fosse oca. Ela parecia ser tão bonita, forte e saudável". Replicou-lhe o avô: "Sim, querido, ela tinha uma aparência saudável, mas estava doente. Sua casca não deixava as pessoas perceberem que ela era oca. Quando as pessoas olhavam para ela, ficavam encantadas com a sua beleza, com o seu porte e com a sua firmeza. Mas, quando chegou a tempestade, ela não resistiu porque estava oca. Ela só tinha casca, mas não tinha cerne". O menino, curioso, olhou para o seu avô e perguntou-lhe: "Mas, vovô, o bambu também é oco, e por que ele não caiu?" O avô ficou pensativo antes de responder ao seu neto e começou a pesquisar sobre o bambu.

1

O BAMBU É OCO

O BAMBU SEMPRE FOI OCO. Ele é fino, delgado, vulnerável e se dobra, mas não quebra. Por isso, quando chega a tempestade, quando o vento o assola com fúria, quando as enxurradas solapam as suas raízes, ele não sucumbe.

Essa é uma grande lição de humildade. O homem, como o bambu, também é oco. Ele é frágil por natureza. Ele foi atingido por dentro por uma enfermidade terrível que enfraqueceu suas raízes e adoeceu o seu cerne. Esse mal é o pecado. Todo o ser do homem foi afetado e contaminado pelo pecado. Todas as suas faculdades foram atingidas pelo pecado. A razão, a emoção e a vontade do homem foram adoecidas pelo pecado. O corpo e a alma do homem estão enfermos pelo pecado. Não há nenhuma parte sã no homem. A chaga maldita do pecado cobriu todo o seu corpo, desde o alto da cabeça à planta dos pés. Do coração do homem procedem os maus desígnios.

O filósofo inglês John Locke (1632-1704) estava enganado quando afirmou que o homem é uma tábula rasa, uma folha em branco, um produto do meio em que vive. O mal não está apenas ao redor do homem, mas dentro dele. O mal não vem apenas de fora, mas também de dentro. O mal não está apenas nas estruturas injustas, mas no coração do homem. O ambiente está poluído porque o coração do homem está empapuçado de corrupção. Não é toda a verdade que o poder corrompe. O poder revela os corrompidos. Não é toda a verdade que o homem é produto do meio. O meio é que é produto do homem. O meio está corrompido porque o homem é corrompido. Todo o mau desígnio procede do coração.

O filósofo suíço Jean-Jacques Rousseau (1712-1778) estava equivocado ao afirmar que o homem é essencialmente bom. O homem não é um ser angelical vestido de pele humana. O homem não é a virtude encarnada. Ao contrário, depois da queda, o homem é concebido em pecado (Sl 51.5). Ele se desvia de Deus desde a sua concepção (Sl 58.3). O homem não é pecador porque peca; ele peca porque é pecador. Assim como uma laranjeira não é laranjeira porque dá laranja, mas dá laranja porque é laranjeira. O pecado não é apenas um ato, mas um estado em que o homem se encontra.

O homem peca por palavras, pensamentos, atos e omissões. Até mesmo os atos de justiça do homem estão poluídos pelo pecado e são trapos de imundícia diante de Deus (Is 64.6). O homem, em vez de reconhecer sua miséria e voltar-se humildemente para Deus, tornou-se egoísta, megalomaníaco e narcisista. Desde o começo quis ser igual a Deus. Não se contentou em ser criatura, quis igualar-se ao criador. A soberba subiu ao seu coração e ele caiu, porque quis ser como uma árvore frondosa, altiva, que tinha uma bela aparência, mas estava oca e podre por dentro.

Quando você reconhece que é oco por natureza, que é frágil e vulnerável, aí é que você se torna forte. Quando você sabe que é oco, e a tempestade chega, você se dobra e enverga sem ser quebrado e arrancado, porque não tenta ser quem não é; você não tenta camuflar sua fraqueza, cobrindo-se com uma casca bonita, com uma máscara de fortaleza inexpugnável. A Bíblia diz que os soberbos serão humilhados e os fortes cairão, mas aos humildes Deus dará a sua graça.

Porque nascemos ocos podemos e precisamos ser cheios. O homem sempre está cheio de alguma coisa. Ele pode estar cheio de pecado, de vícios, de cobiça, de impureza, de mágoa, de demônios, ou pode estar cheio de alegria, de paz, de amor, de Deus. Quanto mais vazios de nós mesmos, mais podemos ser cheios de Deus, mais podemos transbordar do Espírito Santo.

Porque o bambu é oco por natureza, ele não usa máscara. Ele não faz propaganda enganosa. Ele mantém sua postura de vulnerabilidade. Nisto está a sua força: a consciência da sua fragilidade. Feliz é o homem que reconhece sua fraqueza e sabe que é oco. Feliz é o homem que se esvazia dos encantos do mundo, do fascínio da riqueza e dos prazeres fugazes do pecado para encher-se do Espírito

Santo. Ao humilde de espírito pertence o reino de Deus!

A soberba é a sala de espera do fracasso. Aqueles que estufam o peito como um pavão, arrotando sua autossuficiência, constroem uma cova para seus próprios pés. Aqueles que levantam monumentos a si mesmos e promovem a si mesmos edificam para a sua própria ruína. Deus declara guerra aos soberbos. Eles não suportam a tempestade. São quebrados repentinamente. Mesmo que façam uma viagem rumo ao topo, serão derrubados de lá e beijarão o pó. A humildade, por outro lado, pavimenta o caminho da vitória. Os humildes são aqueles que confiam não no poder de sua riqueza nem no vigor de seus braços, mas colocam sua confiança em Deus. Os humildes não tentam andar escorados no bordão da autoconfiança. Caminham com os olhos fitos em Deus. Avançam estribados no braço do onipotente!

2

O BAMBU CRESCE PARA O CÉU

O BAMBU É UMA ESPÉCIE da família das gramíneas. Enquanto as gramas comuns se alastram pelo chão, rastejando, o bambu sobe. Os bambus encontram-se entre as plantas conhecidas por seu crescimento mais rápido. Alguns chegam a quarenta metros em menos de dois anos. Todo bambu só cresce para o alto. Ele tem uma meta: crescer sempre para cima. A exemplo do bambu, temos de crescer sempre para o alto. Nascemos do alto, de cima, de Deus. Nascemos do Espírito. Não somos deste mundo. Nossa pátria está no céu. O céu é o nosso limite. O céu é o nosso alvo, a nossa meta, a nossa recompensa. Somos cidadãos do céu, e nossa herança está no céu. Nossos tesouros estão no céu. O nosso Pai está no céu. O nosso irmão primogênito está no céu. O céu é o nosso lar. À semelhança do bambu, nascemos para as alturas.

O homem veio do pó, é pó e voltará para o pó. Mas ele não foi criado para viver rastejando no pó. Deus soprou no homem o fôlego da vida, e ele passou a ser alma vivente. O vento é símbolo do Espírito. É o vento que levanta o pó. Quando o vento sopra, o pó se levanta e corre. Quando o vento cessa, o pó cai na rua, em casa, no hospital. Mesmo que os homens pareçam um vale de ossos secos, quando o Espírito sopra sobre eles, o milagre da vida acontece e um exército poderoso se levanta.

O homem não foi criado para viver rastejando. O homem não foi criado para ficar prostrado no chão. O homem é a obra-prima de Deus, a coroa da sua criação. Ele foi feito à imagem e semelhança de Deus. Embora o pecado tenha deformado essa imagem, o homem foi restaurado em Cristo. Quem está em Cristo é nova criatura. Pelo Espírito nascemos de novo para uma nova vida. Tornamo-nos filhos de Deus, membros da família de Deus, concidadãos dos santos. Agora somos transformados de glória em glória na imagem de Cristo. Nascemos não da carne nem da vontade do homem, mas de Deus. Somos coparticipantes da natureza divina. Somos filhos e herdeiros de Deus. Somos aceitos na família de Deus.

O homem foi criado e recriado por Deus. O homem é o poema de Deus. O Deus Todo-poderoso está trabalhando em nós a fim de que a mensagem sonora da sua graça seja ouvida através de nós. Somos troféus da graça de Deus no mundo. Somos a herança e a delícia de Deus, em quem ele tem todo o seu prazer. Ele se deleita em nós com júbilo. Assim como o noivo se alegra na noiva, assim Deus se alegra conosco. Somos a menina dos olhos de Deus, a recompensa do penoso sacrifício de Cristo na cruz.

O homem foi criado e salvo para as alturas. O céu é o nosso limite e o nosso destino. Devemos buscar as coisas lá do alto. Devemos ajuntar tesouros no céu, colocar o nosso coração no céu, crescer na direção do céu, buscar os interesses do céu e sermos embaixadores do céu. Devemos anelar que a vontade de Deus se faça na terra como ela é feita no céu. Somos representantes, cidadãos e herdeiros do céu.

Você não foi criado para ser um fracasso. Você não foi destinado para ser um derrotado. Você não precisa ser um perdedor. Você não precisa se arrastar pelo chão. Embora seja da família das gramíneas, você pode crescer para o alto. Você é uma coroa de glória nas mãos do Senhor. Você é um vaso de honra, e não um pote inútil. Você não é como uma sucata na casa do ferreiro; é, sim, uma ferramenta moldada pelas mãos do Senhor, um instrumento útil para o louvor da sua glória. Você não é uma sinagoga de Satanás, um balão de vaidade, um porão de sujeira, uma taberna de impureza; antes, você é santuário do Senhor, templo da habitação de Deus. Você não é um lobo; é uma ovelha do pastoreio de Cristo. Você não é um ramo seco, estéril e imprestável; você é um ramo frutífero da videira verdadeira. Você não é uma verruga pestilenta e imprestável, mas um membro vivo do corpo de Cristo, a riqueza, a herança, a propriedade exclusiva de Deus. Você é o deleite de Deus.

Você não foi planejado por Deus para rastejar na lama nem foi criado para se alastrar pelo chão.

Você foi criado para as alturas, para amar a Deus, para realizar os sonhos do coração dele e viver para o louvor da sua glória. Você é um príncipe, e não um gafanhoto; um herdeiro de Deus, e não um mendigo desamparado. Você é como a águia, e não como uma galinha. A galinha tem as mesmas coisas que uma águia, mas ela só olha para baixo, para o chão. Ela vive com os pés no lodo, ciscando lixo. A águia olha para os horizontes largos. Ela mira o sol em seu fulgor. Ela olha para o céu e alcança as alturas excelsas e triunfa até mesmo sobre as tempestades. Você é como a águia. Embora grama, você pode crescer para o alto. Você é como o bambu: nasceu para crescer para o alto, para aspirar às coisas elevadas e desejar o céu.

Aqueles que foram alcançados pela graça de Deus nasceram de cima, do alto, do céu, do Espírito! O céu não é apenas nosso destino, mas também nossa origem. Lá está a nossa pátria. Lá está o nosso irmão mais velho. Lá está a nossa herança. Devemos, portanto, buscar as coisas lá do alto. Devemos pensar nas coisas lá do alto. As coisas daqui não podem nos satisfazer plenamente. Por mais belas e encantadoras, não podem preencher o vazio do nosso coração. Por mais ricas e sofisticadas, não podem dar sentido à nossa vida. Os prazeres deste mundo não passam de uma fraca miragem comparados à recompensa eterna que foi preparada para os filhos de Deus. As glórias do céu são uma pálida figura das belezas indescritíveis do céu. Como diz um poema cristão: "Nem metade da glória celeste, jamais se contou ao mortal". Avançamos rumo à glória com os olhos fitos no autor e consumador da nossa fé, sabendo que aqui somos peregrinos. Estamos de passagem. Aqui não temos casa permanente. Somos viajores. Buscamos uma herança incorruptível, imarcescível, gloriosa!

3

O BAMBU TEM RAÍZES PROFUNDAS

O BAMBU PODE CRESCER para cima porque sua base está solidamente plantada na terra. O bambu pode suportar os açoites dos ventos furiosos porque ele tem raízes profundas. Ele tem altitude porque tem profundidade. Ele cresce porque tem sustentação. Ele avança para as alturas porque tem alicerce sólido. As raízes do bambu não apenas se aprofundam, mas também se alastram, agarrando-se às pedras, entrelaçando-se umas nas outras, agarrando-se ao chão. É tarefa difícil arrancar um bambu em virtude desse arraigamento de suas raízes. O bambu avança para o céu porque está firmemente plantado na terra. Suas raízes são fortes e profundas.

Esse fato pode ser verificado especialmente no bambu chinês. Depois de plantada a semente do bambu chinês, vê-se durante quatro anos apenas o lento desabrochar de um pequeno broto. Não se percebe que ali está um pé de bambu. Durante quatro anos todo o crescimento é subterrâneo, numa estrutura de raiz que se estende pela terra. Mas no quinto ano, de forma magistral para os que não conhecem, o bambu chinês começa a crescer rapidamente, até atingir 24 metros.

O exemplo do bambu chinês tem a ver com a nossa vida. Muitas vezes esperamos resultados imediatos e nos sentimos frustrados em não os alcançar. Trabalhamos, investimos tempo e esforço, mas por meses e anos não vemos nenhum crescimento, nenhum progresso em nossa vida. Precisamos cultivar a paciência. O "quinto ano" chegará, e, como o bambu chinês, muitos ficarão surpreendidos. O bambu chinês só atinge os 24 metros porque, durante quatro anos, desenvolveu uma forte estrutura de raiz.

Muitas pessoas querem alçar voos elevados sem ter raízes profundas. Quanto maior é a altura de uma árvore, maior é a necessidade de raízes mais profundas, pois quanto maior é uma árvore, maior será o estrondo da sua queda. Quanto mais alto você for, maior é a necessidade de raízes firmes. Mas o que significam as raízes? A raiz é aquilo que sustenta uma planta. A raiz está para uma árvore assim como o alicerce está para um edifício. A Bíblia nos fala sobre a cidade santa, a nova Jerusalém, a noiva do cordeiro. Aquela cidade é bonita de ver, pois nela está a glória de Deus (Ap 21.11). Porém, os fundamentos da cidade estão adornados de toda espécie de pedras preciosas (Ap 21.19,20). Aquela igreja não é apenas bonita por fora, mas também firme e bonita por dentro. Da mesma forma, não podemos ter firmeza nem segurança se estamos estribados em raízes podres. Sem raízes uma árvore não se mantém em pé. Que lições podemos tirar dessa verdade?

1. AS RAÍZES RETIRAM DO SOLO O ALIMENTO PARA A PLANTA

A raiz liga uma planta à fonte fornecedora da vida. Através dela a planta busca os nutrientes necessários para a sua sobrevivência. Assim, também precisamos estar plantados em Deus. Precisamos estar arraigados e alicerçados em Jesus. Não podemos nos manter em pé escorados no bordão da autoconfiança ou da justiça própria. Precisamos ter nossas raízes fincadas no solo da graça, extrair nosso alimento da palavra de Deus. Precisamos conhecer as riquezas insondáveis do evangelho de Cristo e mergulhar nossa alma no doce oceano do amor de Deus.

A palavra de Deus fala de José, filho de Jacó (Gn 49.22). Ele era um ramo frutífero, junto à fonte; seus galhos se estendiam sobre o muro. Porque sua vida estava centrada em Deus, ele foi frutífero e abençoador em sua casa, na prisão e no palácio. Influenciou não apenas aqueles que estavam perto, mas também os que estavam longe. Saiu da prisão para ser governador do Egito e foi chamado de o salvador do mundo.

2. AS RAÍZES FICAM ESCONDIDAS

Aquilo que sustenta as árvores não fica exposto. O que mantém as árvores em pé não pode ser visto. Da mesma forma, o segredo da nossa estabilidade espiritual é a nossa intimidade com Deus. A vida secreta com Deus é a garantia de uma vida pública vitoriosa. É na vida secreta da intimidade com Deus que você encontra alimento, força e estrutura para suportar os vendavais da vida. Os ventos nos açoitam, independentemente de nossa vontade. As crises são inevitáveis e imprevisíveis. Elas nos apanham de surpresa. Todos nós enfrentamos tempestades. Se temos apenas bonita aparência diante dos homens, mas não temos raízes firmes fincadas no solo da graça, sucumbiremos fatalmente diante das tempestades.

Sem intimidade com Deus, não suportamos vitoriosamente as tempestades da vida. O que difere uma árvore que tomba da que fica de pé na tempestade não é aquilo que se vê, mas aquilo que se não vê. São suas raízes profundas. Assim também a diferença entre uma casa construída sobre a areia e uma casa construída sobre a rocha não é aquilo que está à vista, mas o seu fundamento. Sobre ambas as casas acontecem as mesmas coisas: cai a chuva no telhado, sopra o vento na parede e bate o rio nos alicerces. Uma casa cai e a outra fica de pé. A diferença entre elas não está na sua aparência, mas no seu fundamento.

3. AS RAÍZES DÃO ESTABILIDADE À PLANTA

Quanto maior uma árvore, maior é a necessidade de ter raízes firmes e profundas. Uma árvore só pode crescer para cima se crescer também para baixo. Precisamos estar fincados na verdade. Precisamos ser edificados sobre o fundamento dos apóstolos e construir nossa vida no solo da graça. Se erigirmos o monumento da nossa vida sobre doutrinas de homens, sobre filosofias humanas, sentimentos e experiências subjetivas, não resistiremos às avalanches que vêm sobre nós. Sem raízes arraigadas teremos apenas bela aparência. Sem raízes profundas teremos apenas um impacto superficial e temporário sobre a vida das pessoas. Sem raízes firmemente fincadas no solo da verdade um dia a máscara cairá, o escândalo explodirá e a decepção será maior do que o encanto que produziremos nas pessoas. Como já afirmamos, construir a casa sobre areia, sem fundamento sólido, é sinal de insensatez e caminho certo para o desastre.

4. AS RAÍZES VÃO FICANDO EXPOSTAS CONFORME A ÁRVORE VAI FICANDO VELHA

Uma árvore, com o passar do tempo, ao passo que envelhece, vai mostrando as raízes. Com as pessoas também acontece o mesmo. Com o passar dos dias elas vão mostrando o que estava escondido, o que estava por dentro. Muitas pessoas tentam esconder a fragilidade de suas raízes. Usam máscaras, buscam disfarces, aparentam ser o que não são. Outras tentam varrer para debaixo do tapete seus pecados, seus vícios e tornam-se hipócritas e doentes. Nossas raízes ocultas e expostas precisam ser curadas, saradas e fortes. Precisamos ter uma vida íntima saudável. Deus procura a verdade no íntimo. Há uma profunda conexão entre o coração e os lábios. Nossa boca não pode ser santa se o nosso coração for sujo (Mt 15.11). Não pode existir um abismo entre nossos sentimentos e nossos atos; entre o que falamos e o que fazemos. Precisamos ser íntegros e coerentes. Nossas raízes expostas não podem nos envergonhar nem trazer vergonha ao nome do Senhor e à sua igreja.

4

O BAMBU NÃO TEM GALHOS

O BAMBU CRESCE PARA cima, e não para os lados. Sua vocação é para o alto. Embora seja da família das gramíneas, ele não desperdiça suas energias criando galhos que lhe pesarão e o impedirão de alcançar as alturas excelsas. Muitas árvores tornam-se vulneráveis aos vendavais por causa de seus pesados galhos. Elas têm uma copa mais pesada do que as raízes podem suportar. Às vezes nossa base é menor do que os nossos galhos. Tantas vezes multiplicamos galhos, ampliamos nossas realizações, ocupamos muitos cargos e funções, nos afadigamos em intermináveis reuniões, abraçamos muitos afazeres sem ter uma sólida estrutura espiritual. Aparentamos possuir uma luxuriante folhagem, mas não temos raízes para sustentá-la nas horas de tempestade. Se a nossa vocação é para o céu, quanto menos galhos tivermos, melhor. Quanto menos apego às coisas materiais, melhor. Nossa pátria está no céu. Nosso tesouro está lá. Se quisermos crescer para o céu, precisamos cortar muitas galhadas e canalizar toda a nossa seiva para o alto. Os galhos nos impedem de crescer para cima. Precisamos ser desapegados das coisas, dos bens, dos confortos desta vida. Precisamos aprender a viver com mais modéstia e com mais simplicidade.

Certa feita um jovem foi procurar um sábio para se aconselhar. Entrando em sua tenda, observou que ali só havia um colchão, duas cadeiras, uma mesa e algumas panelas. O jovem, curioso e intrigado, perguntou-lhe: "Mestre, onde estão as suas coisas?" O mestre respondeu devolvendo-lhe a mesma pergunta: "E onde estão as suas?" "Ah, mestre", respondeu o jovem, "eu estou só de passagem". Ao que lhe retrucou o sábio: "Eu também!"

Jesus falou sobre o homem insensato que constrói sua casa sobre a areia. A casa é bonita. Suas paredes são bem decoradas. Seu telhado aparenta segurança. Aos olhos humanos, a casa é perfeita, segura e estável. Mas quando a chuva cai, o vento sopra e os rios solapam o seu alicerce, e ela desmorona. Cai porque, a despeito de ter crescido para cima, não tinha base sólida.

As tempestades da vida são inevitáveis. As crises sempre chegam. Elas visitam a todos: grandes e pequenos, pobres e ricos, jovens e velhos, crentes e ateus. Se crescermos apenas para os lados e não tivermos uma estrutura sólida, sucumbiremos nas tempestades. Jesus é o fundamento. Se a nossa vida não for edificada nele, os galhos pesarão e cairemos na hora da procela. Se colocarmos nossa confiança na saúde, no dinheiro, no poder, no conhecimento ou mesmo nos amigos, fracassaremos.

O filho pródigo tinha saúde, dinheiro e amigos. Por um tempo os galhos cresceram e ele parecia uma árvore frondosa. Ele parecia ser uma pessoa alegre e realizada. Estava sempre celebrando a vida com os amigos e bebendo todas as taças dos prazeres. Mas um dia a crise chegou. Um dia a tempestade desabou sobre a sua cabeça. Então os galhos estéreis, que só tinham folhagem, pesaram, e, porque não tinha raízes, o jovem caiu, foi abandonado pelos amigos. O dinheiro acabou. Ficou só, ultrajado e faminto, até que, arrependido, voltou para a casa do pai.

Crescer para os lados sem crescer para baixo e avançar para o alto pode ser um grande perigo. Quanto mais alto um prédio, mas sólido deve ser o seu fundamento. Quanto mais ampla a copa de uma árvore, mais larga deve ser a sua malha de raízes. Quanto mais ampla for nossa influência, mais profundo deve ser o nosso relacionamento com Deus.

Há muitos galhos que, embora bonitos, tiram a nossa força de crescer para o alto. Esses galhos são as muitas preocupações. São as vantagens do mundo. São as propostas sedutoras. Ló olhou para os lados, em vez de olhar para cima, quando escolheu armar suas tendas para as bandas de Sodoma. Ele levou para lá sua família e perdeu tudo: família, riqueza, reputação. Crescer apenas para os lados sem crescer para cima não é a vocação do cristão. Tire todo embaraço e tropeço da sua vida. Não carregue bagagem extra. Estamos numa corrida. Nosso destino e nossa linha de chegada são o céu.

5

O BAMBU É CHEIO DE NÓS

O BAMBU, EMBORA DELGADO e oco, é resistente, porque é cheio de gomos, de nós. Se não houvesse nós, o bambu facilmente racharia e não teria nenhum valor. Os nós não são defeitos, mas a própria consistência do bambu. Dão-lhe resistência, força e capacidade de suportar pressões. Os nós não existem para enfear o bambu, mas para lhe dar resistência. Eles são necessários para a sobrevivência do bambu. Para nós, o nó significa cada etapa que vencemos na vida. Em cada dificuldade ultrapassada criamos resistência. Cada problema resolvido é mais um nó na experiência da vida. Quanto mais alto o bambu, mais nós ele tem. Se o bambu não tivesse nós, certamente seria lindo, parecendo um tubo de PVC, mas jamais poderia resistir às tempestades. É o nó que faz o bambu ser forte na hora do vendaval.

Cada nó significa um problema resolvido, um desafio vencido, uma pessoa perdoada. Precisamos aprender com os nós. Os problemas precisam ser resolvidos. O mundo e a psicologia moderna ensinam você a fugir dos problemas. Muitos buscam o alívio dos seus problemas nos calmantes, no álcool, nos prazeres. Mas Jesus nos ensina a enfrentar os problemas. Precisamos aprender a solucionar um problema de cada vez. Se tenho trinta árvores para plantar, não planto todas de uma só vez. Planto uma, depois outra... Cada etapa vencida, cada problema resolvido é mais um nó que acrescentamos na nossa experiência. Portanto, os nós nos fortalecem e nos preparam para as adversidades da vida.

Os nós são as provas da vida. Elas são necessárias. As provas são o instrumento de Deus para nos purificar e fortalecer. Quando Deus permite que seus filhos passem por provações, não é para destruí-los, mas para fortalecê-los. Deus permite o sofrimento em nossa vida para nos desmamar do mundo e nos atirar em seus braços cheios de ternura. William Cowper (1731-1800), compositor cristão da Inglaterra, disse acertadamente que por trás de uma providência carrancuda esconde-se uma face sorridente. As pressões nos tornam mais fortes. As provas nos colocam mais perto de Deus. O fogo das provas só consome as escórias da vida, deixando-nos mais depurados. As provas são necessárias para sermos transformados à imagem de Cristo. Tiago nos ensina quatro lições sobre as provas:

1. AS PROVAS SÃO COMPATÍVEIS COM A VIDA CRISTÃ

Irmãos, tende por motivo de toda a alegria o passardes por várias provações (Tg 1.2). As provações fazem parte da vida cristã. Elas não devem ser vistas como coisas estranhas. Embora não devamos buscá-las, não devemos considerá-las incompatíveis. Isso porque aprendemos as grandes lições da vida nos dias de prova. Ganhamos musculatura espiritual nas provações. É no vale da dor que bebemos o néctar mais doce da misericórdia de Deus. É na noite mais escura que vemos o brilho mais fulgurante das estrelas. Deus não nos poupa das aflições, mas nos livra de todas elas (At 7.10). Abraão passou a conhecer a Deus mais intimamente depois que foi provado no monte Moriá. Satanás nos tenta para explorar o pior de nós. Deus, porém, nos prova para formar o melhor em nós. Deus nos prova como o ourives prova o ouro. Coloca-nos no fogo não para nos destruir, mas para depurar e arrancar de nós o que não presta. A fornalha não chamusca nem sequer um fio da nossa cabeça, apenas torra as nossas amarras. Deus não nos livra dos problemas, mas caminha conosco no meio deles. Ele não nos livra do vale da sombra da morte, mas passa pelo vale conosco. Ele não nos poupa das ondas revoltas, dos rios caudalosos nem do fogo ardente, mas sempre anda conosco nas horas de tribulação (Is 43.1-3).

2. AS PROVAS SÃO VARIADAS

Temos provas de todas as cores. A palavra grega *poikilos*, traduzida por "várias", usada em Tiago 1.2, significa "de várias cores". Há provações rosa-claro como esmalte de noiva. Há provações rosa-choque e também vermelhas como o carmesim. Há provações cor de chumbo e provações escuras como uma noite trevosa. Há problemas leves e pesados; problemas fáceis de serem resolvidos e outros humanamente insolúveis. Existem dias em que o cenário da nossa vida é azul e também dias em que tudo está cinzento. Temos dias de sol e dias de tempestade. Temos provas que superamos com rapidez e outras que custamos a vencer. A convicção inabalável que temos é que quanto maior a prova, maior é o seu efeito em nos depurar. O que nos conforta é saber que Deus sempre está no controle da nossa vida e faz que todas as coisas cooperem para o nosso bem.

3. AS PROVAS SÃO TEMPORÁRIAS

As provas não duram a vida inteira. Ninguém suportaria uma vida toda de provas nem uma viagem toda de turbulências. Depois da tempestade vem a bonança. Depois da noite de choro vem a alegria pela manhã. Após o inverno rigoroso vem a primavera explodindo, cheia de vida, engrinaldando os campos de flores. Depois da morte vem a ressurreição. As provas passarão — ou passaremos por elas. Alguns passam rápido como um avião supersônico. Outros passam com a velocidade de um carro de fórmula 1. Outros passam céleres como um carro de motor turbinado. Outros passam correndo.

Outros caminhando. Outros, ainda, se arrastando. Mas todos passam.

4. AS PROVAS SÃO PEDAGÓGICAS

Elas não existem para nos destruir, mas para nos ensinar. O deserto é uma escola de quebrantamento. Aprendemos as maiores lições da vida no vale das provas, e não nas celebrações festivas. As provas doem. Elas, às vezes, não são um bem em si mesmas, mas visam a um fim proveitoso. Elas não são fruto do acaso, nem determinadas por um fatalismo cego. As provas são determinadas ou permitidas por Deus para o nosso bem maior e final. Deus tem um plano eterno a nosso respeito, e ele vai levá-lo a cabo vitoriosamente: transformar-nos na imagem de seu Filho Jesus Cristo. Jesus também aprendeu pelas coisas que sofreu. Como um escultor, Deus arranca lascas na pedra bruta da nossa vida. Isso dói, mas ele está trabalhando em nós. Seu trabalho em nós ainda não está concluído. Ele não vai desistir de nós.

Michelangelo, o grande escultor do século 15, concluiu apenas catorze das suas obras de escultura. Ele deixou a maioria dos seus trabalhos inconclusos. Deus não é assim. Ele vai completar em nós a obra que começou a fazer (Fp 1.6). Ele não desiste de nós. Somos um santuário que ainda está crescendo para a habitação de Deus (Ef 2.22). Somos o poema que Deus ainda está escrevendo. Ele ainda não terminou o último capítulo da nossa vida. Portanto, precisamos ter paciência, pois, antes de nos conduzir a Canaã, ele vai nos levar para o deserto, para nos provar e humilhar, tirando de nós a autoconfiança, mostrando que dependemos dele, e não dos nossos próprios recursos. Antes de Deus nos colocar assentados com Cristo no trono como seus herdeiros, vai fazer conosco o que fez a Davi: levar-nos para o deserto e para as cavernas. Ele vai quebrantar-nos antes de sermos um vaso de honra. Precisamos nos lembrar que os nós não existem para nos enfraquecer, mas para nos fortalecer.

O apóstolo Paulo foi açoitado, preso e suportou na carne o espinho cruel. Mas os nós deram-lhe consistência espiritual. Os nós não deixaram que as tempestades o quebrassem.

O próprio Jesus soube o que são os nós. Ele foi homem de dores, suportou a pobreza, pois não tinha onde reclinar a cabeça. Suportou a perseguição, pois foi alvo do ataque dos políticos, dos religiosos e do povo, e ainda suportou a solidão, o abandono e a crueldade. Na hora da sua agonia mais profunda, estava totalmente só no Getsêmani. Estendido sobre o leito vertical da morte, a cruz medonha, rejeitado pela terra e desamparado pelo céu, suportou os horrores do próprio inferno, quando se fez pecado por nós. Seus discípulos o abandonaram. Foi esquecido por aqueles que lhe prometeram fidelidade. Foi traído por aquele a quem devotou o seu amor. Foi negado por aquele que jurara ir com ele até a morte. O sofrimento esteve presente em sua vida da manjedoura à cruz. Ele suportou afrontas, escárnios e a própria morte para nos oferecer o dom da vida eterna. Jesus transformou os nós do seu sofrimento em canal da bênção eterna para os pecadores. Os nós nos dão fibra, firmeza e resistência nas provas.

6

O BAMBU CRESCE EM TOUCEIRAS

O BAMBU É UMA PLANTA GREGÁRIA. Ele sempre cresce em touceiras. Ele vive sempre em comunidade. O bambu, ao começar a crescer, deixa o vento jogar suas sementes para os lados. Assim, eles vão crescendo juntos, em touça. Um bambu se une a outro e assim por diante. Um se apoia no outro, balançam juntos, vão se entrelaçando, uns escorando os outros. Embora o bambu seja uma gramínea que cresce para o alto, ele não cresce sozinho. Ele se entrelaça com outros e avança sobranceiro para as alturas. O bambu é forte também porque não vive só. Cresce em comunidade. Vive cercado de outros bambus. Vive em família. Dessa forma, o bambu nos ensina grandes lições:

1. SOZINHOS SOMOS VULNERÁVEIS

À semelhança do bambu, não podemos viver sozinhos. Precisamos uns dos outros. Não somos uma ilha. Somos uma família. Não vivemos nem sobrevivemos à parte dos nossos irmãos, membros do mesmo corpo, ovelhas do mesmo rebanho, ramos da mesma videira, pedras do mesmo edifício. Estamos ligados uns aos outros de tal forma que, se um membro sofre, todos sofrem com ele; se um membro se alegra, todos se alegram com ele. A dor que dói num dos membros lateja no outro também. A alegria que um dos membros celebra é a vitória do outro. Não pode existir divisão no corpo. Devemos considerar uns aos outros superiores a nós mesmos. Devemos tratar todos com honra e dignidade. Não pode existir entre nós divisão. Os membros do corpo cooperam com igual cuidado uns pelos outros. Somente uma pessoa louca e doente destruiria a si mesma ou permitiria que seus membros guerreassem entre si. Os olhos não traem os pés. A cabeça não dá uma ordem para a mão se enfiar no fogo. Protegemos uns aos outros. Somos guardiões dos nossos irmãos. Sozinhos somos vulneráveis, não podemos suportar as tempestades. Somos fracos e indefesos como uma ovelha fora do rebanho. Sozinhos tornamo-nos presas fáceis dos predadores. O diabo é como um leão que ruge. Uma das armas do leão é rugir para que sua presa se afaste do bando. Uma ovelha fora do rebanho não consegue livrar-se do ataque implacável do leão. Seu bote é fatal. O leão, antes de devorar sua vítima, agarra em sua garganta e a mata sufocada. A vítima não consegue reagir. Não consegue respirar nem gritar. Ela morre asfixiada antes de ser devorada pelo predador. A igreja é uma família que nos protege. Ao estarmos em comunhão com a igreja, protegemo-nos dos ataques devastadores do maligno. Excluir uma pessoa da comunhão da igreja é entregar seu corpo a Satanás para a destruição da carne (1Co 5.5).

Somos como o bambu. Precisamos crescer lado a lado com os nossos irmãos. Precisamos ser suporte uns para os outros. Não podemos ser rivais uns dos outros. Não estamos competindo uns com os outros. Devemos ser servos uns dos outros em amor, levar as cargas uns dos outros e abençoar uns aos outros. Nem todos os bambus têm a mesma espessura e o mesmo tamanho, mas todos crescem juntos, entrelaçam-se em cooperação uns com os outros. Assim também deve ser a vida da igreja!

2. JUNTOS FORMAMOS UMA CERCA INTRANSPONÍVEL

O bambu é uma das mais seguras cercas vivas que existe. Por isso, ele é plantado junto às divisas. Ao crescer em touceiras, é impossível alguém atravessá-los. Assim, o bambu é símbolo de proteção, de segurança. Quando crescemos juntos, formamos um muro protetor para os que estão ao nosso redor. Quando estamos juntos, somos fortes. Quando unimos nossas forças, a despeito de isoladamente sermos fracos, em comunidade somos imbatíveis. O inimigo não pode prevalecer contra nós se estamos juntos e unidos. Quando a igreja está unida, ela forma uma cerca viva de proteção e segurança uns para os outros.

3. JUNTOS FORMAMOS CENÁRIOS DE RARA BELEZA

O bambu também é uma planta ornamental. Ao crescer em touceiras, o bambu não apenas se torna um muro protetor, mas também forma um cenário de destacada beleza. Uma das paisagens mais agradáveis que conheço no Brasil é a estrada que dá acesso ao Aeroporto Internacional de Salvador. Ela é ladeada por bambuzais cheios de viço e beleza. A estrada é coberta por um teto verde, e as touceiras empinadas aos céus dançam ao sabor do vento que sopra do mar, oferecendo um espetáculo de encantadora beleza para todos os passageiros que cruzam aquele caminho, buscando novos horizontes. Apesar do calor, tantas vezes asfixiante, os bambuzais oferecem sombra restauradora. Isso é um símbolo da união do povo de Deus. O Salmo 133 diz que a união entre os irmãos é boa e suave. É útil e restauradora. A união dos irmãos é restauradora como o óleo e refrescante como o orvalho. A união entre os irmãos é o palco onde Deus ordena a sua vida e a bênção para sempre. Um homem viu na vitrine de uma joalheria várias pedras preciosas. Observou diamantes, esmeraldas, rubis e tantas outras pedras lindas e atraentes. Porém, no meio daquelas pedras de rara beleza e alto valor, estava também uma pedra opaca e que, por ser diferente, chamou-lhe a atenção. Movido pela curiosidade, perguntou ao joalheiro por que aquela pedra sem brilho estava exposta na vitrine como uma pedra preciosa. O joalheiro, sem dizer palavra alguma, tomou a pedra da vitrine e a apertou por alguns instantes na concha da sua mão. Depois de alguns minutos, ao abrir a mão, aquela pedra estava brilhando, revelando uma beleza singular e encantadora. Aquela pedra era uma opala, que só brilha quando é tocada, quando é cercada de calor e de contato. Às vezes, por vivermos isolados uns dos outros, não conhecemos a beleza nem o valor das pessoas. Mas quando nos aproximamos, nos tocamos com um gesto cálido de amor e de amizade, as pessoas desabrocham em expressões de luminosa beleza e encanto.

4. NA TOUCEIRA DE BAMBUS SEMPRE EXISTEM NOVOS BAMBUS NASCENDO

Um bambuzal nunca envelhece de uma só vez. Há sempre renovação. Há novos brotos irrompendo cheios de vida, enquanto outros amadurecem e envelhecem. A touceira de bambu é como uma família. A vida está sempre abrindo novos caminhos de esperança. Ao mesmo tempo que uns crescem e amadurecem, outros nascem e desabrocham para a vida. O mesmo cenário é visto na família e na igreja. Os brotos novos nascem cercados de cuidado e proteção, recebendo sempre um ambiente propício para o crescimento e o fortalecimento.

Na família vemos o mesmo processo. Enquanto uns morrem, outros nascem; enquanto uns envelhecem, outros florescem para a vida; enquanto uns se aposentam, outros entram no mercado de trabalho. O bambu é um retrato dessa sublime realidade.

7

O BAMBU É FLEXÍVEL

O BAMBU TEM UMA capacidade extraordinária de se curvar sob a tempestade. Ele é flexível. O bambu enverga com facilidade. Embora resistente, é maleável. O vento bate, e a mesma haste que alcança as alturas curva-se até a terra e beija o chão. Por curvar-se, não quebra. Isso é um símbolo de quebrantamento. Muitas árvores imponentes, soberbas, altaneiras são arrancadas ou partidas ao meio porque, a despeito de parecerem inexpugnáveis, não têm a capacidade de se dobrarem diante das tempestades. Não é diferente com o ser humano. Muitas pessoas são como algumas árvores: engrossam, tornam-se opulentas, fortes e poderosas. Os observadores ficam impressionados pelo porte, altura, espessura e magnificência de algumas árvores. Mas um dia a tempestade chega e elas são açoitadas com fúria violenta. Seus galhos quebram, suas hastes se partem ao meio e as raízes são arrancadas. O tombo é estrondoso, a queda é violenta, a tragédia é avassaladora.

Temos observado muitas árvores, aparentemente inabaláveis, tombando. Há muitos líderes sucumbindo no meio da tempestade. Não poucos são aqueles que construíram seus ninhos entre as estrelas e de lá foram derrubados (Ob 4). Muitos que granjearam fama e poder caíram em vergonha, porque a soberba, como cupim, os destruiu por dentro, deixando apenas casca. Há muitas pessoas que só têm aparência. Vivem de ilusão, alimentam-se da altivez, engordam-se de orgulho, mas tombam na hora da tempestade, porque não são quebrantadas nem humildes. A soberba precede a ruína. Deus resiste aos soberbos. A soberba é a rota do desastre, é o caminho da queda, é o lugar do tombo.

John Mackay, em seu livro *O sentido da vida*, narra a história de Peer Gee de Ibsen. Ele desejou conhecer os horizontes mais largos do mundo, beber todas as taças dos prazeres e experimentar todas as aventuras que a vida pudesse lhe oferecer. Saiu pelo mundo buscando preencher o vazio do seu coração. Navegou mares, cruzou fronteiras, visitou países, percorreu cidades. Fez tudo que a sua alma desejou. Satisfez todos os seus caprichos. Alimentou-se com os licores de todos os deleites. Já velho e farto dos prazeres do mundo, voltou à sua terra, à sua cidade e à sua casa. O vazio ainda estava instalado em seu peito. A insatisfação ainda era a marca registrada da sua vida. Não encontrara sentido em nenhuma de suas aventuras. Desolado, Peer Gee dirigiu-se ao quintal de sua casa e começou a escavar o chão. Arrancou de um canteiro uma cebola e começou a tirar a sua casca. A cada casca removida dava o nome de uma aventura. Ao fim, retirou todas as cascas e não encontrou nenhum cerne. A cebola só tem casca. Então, disse: "A minha vida está como esta cebola; só tem casca". A soberba e a vaidade são as marcas das pessoas vazias e fúteis. Aqueles que se cercam de vaidade, embora tenham a aparência de um carvalho, não passam de cebolas.

Feliz aquele que é como o bambu, que, a despeito de ter vocação para as alturas, de crescer para o céu, não perde a capacidade de se dobrar diante dos vendavais da vida. É melhor dobrar-se do que ser quebrado. A Bíblia diz que aquele que não se dobra será quebrantado repentinamente, sem que haja cura (Pv 29.1).

A humildade é a rainha das virtudes. É a primeira bem-aventurança descrita por Jesus no sermão do monte (Mt 5.3). Sem humildade de coração, ninguém entrará no reino de Deus. Quem não se fizer como uma criança não entrará no reino dos céus. Só os humildes serão exaltados. O Senhor derruba os poderosos dos seus tronos, exalta os fracos e os faz assentar entre príncipes (1Sm 2.6-8). Deus ainda continua enchendo de bens os famintos e despedindo vazios os ricos (Lc 1.53).

Os grandes homens são humildes. Um homem nunca é tão grande como quando é humilde. Jesus, como homem perfeito, foi manso e humilde de coração (Mt 11.29). A diferença entre o joio e o trigo é que, embora parecidos externamente, o joio não se dobra quando o vento o sacode. O joio é parrudo, resistente, inflexível. Mas o trigo é diferente. Quando o vento sopra, ele se dobra e beija a terra. O joio é veneno; o trigo, alimento. O joio é símbolo da altivez; o trigo, da humildade. O joio produz morte; o trigo, vida.

O soberbo é como o restolho: chocho, estéril, só tem casca. O restolho só tem sabugo e palha, não tem grãos. O restolho nunca se dobra. Ele fica empinado e altivo. A espiga cheia, entretanto, curva-se prenhe, cheia de farturosos grãos. Sempre que encontramos alguém arrogante e vaidoso, podemos saber que estamos diante de uma pessoa vazia e chocha como um restolho. Uma pessoa humilde não faz propaganda de suas próprias obras, não louva a si mesma, não toca trombetas, enaltecendo suas próprias virtudes. Lata vazia é que faz barulho. Devemos ser como o bambu. Precisamos aprender a nos curvar na hora da tempestade. Não podemos ter vergonha de nos dobrar e beijar o chão na hora do vendaval.

O bambu, depois que se curva até a terra na hora do vendaval, ao passar a crise, retorna às alturas. Mantém-se ereto, verticalizado para o céu. Quando nos humilhamos, Deus nos exalta. Quando reconhecemos nossa vulnerabilidade, Deus nos fortalece. Quando nos encurvamos, Deus nos endireita. Quando somos fracos é que somos fortes (2Co 12.10). Jó foi um bambu que se curvou na hora da angústia. Ele foi ao chão. Chorou a sua dor, espremeu o pus da sua ferida. Porque se quebrantou na tempestade e não se endureceu, Deus o restaurou e o exaltou (Jó 42.10). Algumas pessoas se enrijecem na tempestade e se quebram. O mesmo sol que amolece a cera endurece o barro. Quando somos cera, podemos ser moldados, e não quebrados. José do Egito curvou-se no temporal. Foi açoitado. Foi ao chão, mas sabia que sua vocação eram as alturas. Foi ao chão sem se arrastar na lama. Foi ao chão para reconhecer que só Deus pode e sabe exaltar.

Assim também aconteceu com o rei Davi. Antes de Deus levá-lo ao trono de Saul, usou Saul como vendaval para humilhá-lo. Antes de Deus colocar Davi no trono de Saul, tirou o Saul que estava no coração de Davi. Antes de Davi sentar-se no trono, Deus o matriculou na escola do quebrantamento. Antes de Davi ser exaltado, foi humilhado. Antes de ir para o palácio, precisou conhecer o deserto. Antes de pisar os tapetes aveludados da casa real, precisou conhecer o frio das cavernas. O sofrimento precede o consolo; a cruz precede a coroa.

De modo semelhante, Deus tratou com o apóstolo Paulo. O Senhor o colocou no pó antes de elevá-lo às alturas. Foi perseguido, incompreendido, desprezado, esquecido, apedrejado, odiado, açoitado e trancado na prisão. Mas ele se curvou como bambu, e Deus o exaltou às alturas excelsas como o grande bandeirante do cristianismo e paladino da fé evangélica. Você tem sido flexível como o bambu? Você é uma pessoa quebrantada?

8

O BAMBU É ÚTIL

BAMBU É DESIGNAÇÃO GENÉRICA para um vasto grupo de plantas da família das gramíneas, no qual já foram descritas mais de seiscentas espécies, a maioria procedente da Ásia. O bambu é uma das plantas mais úteis. De seus brotos fazemos deliciosos pratos. O broto de bambu é um dos pratos comuns na culinária oriental. Os frutos, em algumas espécies, assemelham-se ao arroz e podem ser preparados e comidos como este. O gênero *melocanna*, da Ásia, produz frutos comestíveis grandes, do tamanho e aparência de maçãs. De suas folhas fazem-se cestos. De suas hastes delgadas, varas de pescar. De seu caule, objetos de decoração, artesanato, móveis, utensílios domésticos, cortinas e cercas. O bambu tornou-se de uso consagrado pelo homem nas regiões tropicais. Tudo no bambu é útil. Ele serve como cerca viva. Em razão da sua malha de raízes, o plantio de pequenas variedades de bambu tornou-se aconselhável na contenção de encostas. Ele é usado para assoreamento, proteção e abrigo. Além do mais, o bambu oferece sombra e lugar de descanso para o cansado. Na China há pontes feitas de bambu. Ele é usado até mesmo para construir casas e edifícios.

No Brasil são de ocorrência muito comum espécies como *bambusa vulgaris*, cujos brotos são considerados estomáquicos, depurativos e antidisentéricos, e *bambusa arundinacea*, de valor medicinal no combate a erupções na pele. Nas regiões montanhosas da China os extensos bambuzais servem de *habitat* a animais autóctones, para os quais os brotos tenros de bambu são a única fonte alimentar.

O bambu pode ser um símbolo do cristão. Como o bambu, devemos ser úteis às pessoas à nossa volta. Devemos fazer o bem a todos, amar a todos, inclusive os nossos próprios inimigos. O amor é a apologética final. É por meio dele que vamos ser conhecidos como discípulos de Cristo. O maior de todos os mandamentos é amar a Deus e ao nosso próximo como a nós mesmos. Jesus contou a parábola do bom samaritano para esclarecer quem é o nosso próximo (Lc 10.25-37). Vemos nessa parábola algumas preciosas lições.

Primeira: Há aqueles que vivem para fazer o mal. Certo homem descia de Jerusalém para Jericó e no caminho foi apanhado pelos salteadores. Além de saquear todos os seus bens, deixaram-no ferido e semimorto à beira do caminho. A filosofia dos salteadores pode ser sintetizada da seguinte maneira: "O que é meu é meu e o que é seu pode ser meu também". Há pessoas que vivem para maquinar o mal. Urdem a violência e praticam-na. Essas pessoas veem os outros não como objetos do amor, mas da exploração. Para saciar seus desejos malignos, estão dispostos a roubar, extorquir, aviltar e até matar o próximo. Os noticiários descrevem essa realidade todos os dias. Os jornais estão encharcados de sangue. A violência campeia no campo e na cidade. Crime de toda ordem transita desde os palácios até as choupanas. O homem tornou-se o lobo do próprio homem. As guerras estão se tornando cada vez mais encarniçadas. A dignidade da vida está sendo cada vez mais aviltada. Os antros do tráfico de drogas são verdadeiras sucursais do inferno, que, como bandos de gafanhotos saídos do abismo, destroem tudo por onde passam. São cavalarias do inferno que fazem trepidar a terra, deixando para trás um rastro desolador de escravidão, opróbrio e morte. A corrupção coloca os seus tentáculos em todos os segmentos da sociedade. O povo geme sob o estertor da fome e da miséria, enquanto os poderosos, insaciavelmente, arrebatam o direito do oprimido e abocanham o pão do faminto. Multiplicam-se os arautos da exploração, da violência, da ganância insaciável e da própria morte em nossa sociedade. Como bando maldito, os parasitas da sociedade são como ratazanas que mordem esfaimadas o bocado do pobre. Mesmo com suas vestes contaminadas pelo sangue dos inocentes, esses monstros celerados escondem-se tantas vezes debaixo do manto da dignidade e se vestem das honras mais excelentes. São lobos em pele de ovelhas, hordas de salteadores que roubam o pobre, devoram o necessitado e esmagam o direito do oprimido.

Segunda: Há aqueles que são indiferentes à dor do próximo. Jesus disse que tanto um sacerdote como um levita passaram pela mesma estrada e viram o homem caído à beira do caminho. Ambos, sendo religiosos, passaram de largo e prosseguiram em seu caminho. A filosofia desses religiosos pode ser definida como segue: "O que é meu é meu, e o que é seu é seu". Há um grande exército daqueles que caminham pela vida sem sentir compaixão pelo próximo ferido à sua volta. Pensam apenas em si mesmos. Vivem ensimesmados. Não estão dispostos a investir tempo, dinheiro e vida para salvar os infelizes que caíram nas teias perversas dos malfeitores. Não estão prontos a correr riscos para socorrer os necessitados. São pessoas que vivem encasteladas em seu conforto, que buscam apenas a realização de seus sonhos, não se importando com o drama daqueles que gemem e sangram à sua volta. Aqueles que adotam a filosofia da indiferença tornam-se insensíveis e acomodados. Escondem-se atrás do escudo da religião e do manto da falsa piedade. Estão mais interessados em rituais do que em vidas, mais apegados às cerimônias sagradas do que no amor ao próximo.

Terceira: Há aqueles que vivem para fazer o bem ao próximo. Jesus disse que descia por aquela mesma estrada um samaritano. Este, ao ver o homem moribundo, passou-lhe perto, pensou suas feridas, colocou-o sobre o seu animal, tirando-o da beira da estrada da morte, encomendando-o, ainda, aos cuidados de um hoteleiro. A filosofia do samaritano pode ser definida assim: " O que é seu é seu, mas o que é meu pode ser seu também". O samaritano era considerado pelo judeu um ser imundo. Um judeu não podia comer pão na casa de um samaritano. Se uma moça judia se casasse com um jovem samaritano, a família passava a considerá-la como morta. Os judeus viam os samaritanos apenas como combustível do fogo do inferno. Mas, a despeito do abismo racial e do ódio alimentado entre essas duas raças, o samaritano investiu seu tempo, seus bens e sua vida para socorrer o homem ferido. O amor não tem fronteiras. O amor é suprarracial, supracultural e suprarreligioso. Ele quebra todos os muros da inimizade. Ele triunfa sobre a indiferença. O amor busca o bem do próximo, mesmo que este seja um inimigo. A Bíblia nos ensina a fazer o bem a todos, a orar por nossos inimigos e a abençoar aqueles que nos maldizem. Devemos pagar o mal com o bem.

Somos como o bambu, úteis! À luz desta figura, podemos aprender algumas lições preciosas:

1. FOMOS SALVOS PARA AS BOAS OBRAS

Não fomos salvos pelas boas obras, mas para as boas obras. As boas obras são consequência, e não causa da nossa salvação. A graça, e não os méritos, é o alicerce da nossa salvação. Não são as nossas obras que nos levam para o céu; nós é quem as levamos para o céu (Ap 14.13). A fé que salva não é a fé mais as obras, mas a fé que produz obras. A fé sem obras é morta. A fé salvadora é operosa. Paulo diz em Efésios 2.10 que somos feitura de Deus, criados em Cristo Jesus para as boas obras, as quais Deus preparou de antemão para que andássemos nelas. A palavra "feitura" significa *poema*. Somos a obra-prima de Deus, a poesia de Deus. Ele está trabalhando em nós para realizar grandes coisas através de nós. Deus não terminou sua obra em nós. O último capítulo da nossa vida ainda não foi escrito, embora, na mente de Deus, já esteja escrito e determinado (Sl 139.16). Deus nos criou em Cristo com uma finalidade específica: boas obras. Não somos ramos infrutíferos nem vasos imprestáveis. Não somos membros atrofiados do corpo. Somos a expressão romântica do coração amoroso de Deus e a exclamação do seu amor divino. Somos os troféus da graça, os objetos do amor, os instrumentos das boas obras, a obra-prima da criação, as primícias da redenção. Os filhos precisam refletir a vida do Pai. Nosso Pai é bondoso com todos. Ele manda a chuva e o sol para os bons e para os maus. Seu cuidado providente é visto em toda a terra, que está cheia da sua bondade. Devemos refletir o caráter do nosso Pai celestial. Devemos ser bênção na vida das pessoas: olhos para os cegos, pernas para os aleijados, mãos que curam, acariciam e amparam. Devemos fazer o bem a todos. Dar pão a quem tem fome, água a quem tem sede, abrigo ao desamparado, veste ao nu, alívio e conforto ao enfermo.

2. FOMOS CHAMADOS PARA SERMOS ENVIADOS

Fomos tirados do mundo para estarmos com Deus no mundo, sem sermos do mundo, sendo enviados de volta ao mundo, para resgatarmos vidas deste mundo tenebroso. Temos no mundo o ministério da reconciliação. Somos embaixadores de Deus na terra. Nossa pátria está no céu. Somos cidadãos do céu. Nosso nome está arrolado no livro do céu. Somos guiados pelo trono do céu, pelas leis do céu. Nossa missão é anunciar as boas-novas que vêm do céu. Toda pessoa chamada eficazmente ao evangelho é enviada a anunciá-lo. Todo salvo é um anunciador de boas notícias de salvação. Somos cooperadores de Deus. Somos como os leprosos sentenciados à morte, numa cidade condenada à fome, que encontraram pão. Não podemos nos fartar e ver o povo morrendo de fome. Não podemos ficar calados. Precisamos avisar que há pão na casa do pão. Precisamos proclamar que Jesus é o Pão da vida. Precisamos gritar a plenos pulmões, num mundo que perece asfixiado pela desesperança, que existe uma esperança. Necessitamos embocar a trombeta e anunciar que Jesus venceu a morte, derrotou o diabo, desbaratou o inferno, triunfou sobre o pecado e agora pode salvar todo aquele que vem a ele com fé. Esta é a nossa missão: anunciar vida onde reina a morte. Espargir luz onde reinam as trevas. Proclamar salvação onde as vidas estão presas pelos tentáculos da perdição.

3. DEUS NOS EQUIPOU COM DONS PARA SERVIRMOS UNS AOS OUTROS

A igreja de Cristo é como uma touceira de bambu. Estamos ligados uns aos outros, perto uns dos outros, como uma família. Não estamos competindo uns com os outros, mas servindo uns aos outros, protegendo uns aos outros, carregando as cargas uns dos outros. Nessa comunhão do Espírito, cada membro exerce sua função no corpo conforme o dom que recebeu para o crescimento dele. Não há espaço para a soberba nem para a frustração. Tanto o complexo de superioridade como o de inferioridade não encontram guarida no corpo (1Co 12.15,16,21). Todos somos servos uns dos outros em amor. Pertencemos uns aos outros. Cuidamos uns dos outros. Perdoamos uns aos outros. A alegria de um é a celebração do outro; o choro de um é o pranto do outro. Se um membro se alegra, todos se alegram com ele; se um membro sofre, todos sofrem com ele. Quando um membro do corpo se destaca para a glória de Deus, não sentimos inveja, mas regozijamo-nos com ele. Quando outro membro é como um ramo tenro, nós o cercamos de providente cuidado. Quando um membro tropeça e cai, nós o assistimos e o corrigimos com espírito de brandura, ajudando-o a levar a sua carga (Gl 6.1,2).

4. SOMOS MEMBROS UNS DOS OUTROS

A vida cristã não é uma carreira solo. Somos diferentes uns dos outros, mas ao mesmo tempo pertencemos uns aos outros. Pertencemos ao mesmo corpo. Somos governados pela mesma cabeça. O mesmo sangue irriga todo o sistema. Servimos uns aos outros. Apoiamos uns aos outros. Cuidamos uns dos outros. Se um membro sofre, todos sofrem com ele. Se um é honrado, todos se alegram com ele!

9

O BAMBU É RESISTENTE ÀS ADVERSIDADES

O BAMBU É ALTAMENTE resistente às adversidades. Embora goste das fontes, ele também resiste com galhardia nos terrenos secos. Mesmo em solo duro, sob o sol causticante e batido por ventos furiosos, ele não perde o seu verdor. O bambu enfrenta o sol, a seca e o calor sem perder o viço e a beleza. Ele é um símbolo de resistência às adversidades.

Nós também fomos chamados a florescer no deserto. O deserto pode ser cenário de vida. Podemos florescer nos lugares secos (Is 35.7). O deserto pode se transformar num pomar luxuriante (Is 41.18-20). Deus pode fazer rebentar rios no ermo. Os lugares áridos podem se tornar campos férteis (Sl 84.6). Podemos ver campos engrinaldados de flores no deserto. Mas se o deserto não florescer, se as fontes não brotarem, se o vale continuar árido e escuro como o vale da sombra da morte, mesmo ali não seremos desamparados, porque o Senhor estará conosco. Como Jó, podemos entoar canções de louvor nas noites escuras. Os cisnes cantam mais docemente quando sofrem. Mesmo nas variadas provas da vida podemos nos alegrar efusivamente, porque Deus é quem está no controle da nossa vida e ele trabalha em todas as circunstâncias para o nosso bem. Paulo e Silas cantaram na prisão. Pedro dormiu algemado e guardado por sentinelas para enfrentar o martírio no dia seguinte. João, ao ser exilado na ilha de Patmos, viu o céu aberto. John Bunyan ficou preso catorze anos em Bedford, na Inglaterra, no século 17, e em uma cela tosca e fria escreveu *O peregrino,* o livro mais lido no mundo depois da Bíblia. William Cowper, o doce poeta evangélico da Inglaterra, sofreu os horrores da depressão e várias vezes tentou fugir da própria vida, mas no auge da sua dor pôde escrever: "Por trás de uma providência carrancuda esconde-se uma face sorridente". David Brainerd, o jovem missionário entre os índios americanos, morreu aos 29 anos de idade, suportando dores atrozes, tossindo sangue, vitimado por uma tuberculose fatal. Mas seu sofrimento transformou-se em inspiração para muitos missionários que alcançaram o mundo para Jesus.

A resistência do bambu diante das adversidades do tempo nos ensina várias lições:

1. NO DESERTO DAS ADVERSIDADES SOMOS PROVADOS POR DEUS

Deus mesmo nos leva para o deserto (Êx 13.17,18; Dt 8.2). O deserto é parte da jornada para Canaã. O caminho para Canaã passa pelo deserto. Sem deserto não há Canaã. Deus nos leva para o deserto para nos provar e nos humilhar e para ver o que está em nosso coração (Dt 8.2-20). Deus faz conosco o que um ferreiro faz com a sucata. Quando vamos à casa de um ferreiro, vemos três tipos de ferramentas. Primeiro você vê ferramentas velhas, sujas, cheias de teias de aranha, enferrujadas, tortas, trincadas e quebradas, todas amontoadas no chão. Elas parecem imprestáveis, porém o ferreiro não as joga no lixo. Elas são preciosas demais para serem lançadas fora. Deus também não tem lata de lixo. Não existem vidas irrecuperáveis para Deus. Até mesmo na casa de César, onde havia degradação moral, traição e toda sorte de corrupção, o Senhor salvou vidas, e Paulo pôde saudar os santos que estavam ali (Fp 4.22). Segundo, você vê ferramentas sendo derretidas no fogo. O ferreiro apanha a sucata e a coloca na fornalha. O fogo é intenso. O metal se derrete. A ferrugem desgruda. Então o ferreiro molda aquela ferramenta de acordo com a sua vontade e com o seu propósito. Quando uma ferramenta se torna defeituosa, torta ou trincada, o ferreiro a leva para o fogo e depois para a bigorna. Ele açoita a ferramenta com rigor, não para quebrá-la ou destruí-la, mas para moldá-la, para transformá-la em um instrumento útil. A bigorna é um tratamento de choque. O fogo é uma medida extrema. Mas o único meio de transformar sucata em instrumento útil é levá-la ao fogo e à bigorna. Terceiro, você vê ferramentas úteis, prontas para o seu devido uso. Antes de a ferramenta ser útil, ela precisa ser preparada, afiada, moldada. As adversidades não são um fim em si mesmas. Elas são pedagógicas.

Deus nos leva para o deserto para tratar conosco. Antes de sermos usados por Deus, precisamos ser tratados por ele. Deus está mais interessado em quem nós somos do que no que fazemos. Antes de trabalharmos para Deus, precisamos ser trabalhados por Deus. Vida é mais importante do que trabalho. Intimidade com o Deus da obra é mais importante do que trabalho para o Deus da obra. Nossa prioridade não é a obra de Deus. Ele, sim, é a nossa prioridade.

2. NO DESERTO DAS ADVERSIDADES SOMOS APROVADOS POR DEUS

Aqueles que não se submetem ao tratamento do deserto perecem. O povo de Israel caiu no deserto. Rejeitaram Deus e sua palavra e ficaram prostrados no deserto. Foram reprovados porque o deserto revelou quem eram de fato, um povo obstinado e de dura cerviz. No deserto as máscaras caem. No deserto Deus nos vira pelo avesso e expõe o que vai em nosso coração. Contudo, o mesmo deserto que se transforma em sepultura dos rebeldes torna-se a universidade onde os aprovados de Deus são graduados para a vida. Josué e Calebe foram aprovados no meio de uma geração que pereceu. Eles conduziram a nova geração nascida no deserto à terra prometida, enquanto seus pais sucumbiram. O deserto revela as pessoas. Ele abate os covardes e fracos e eleva os fortes. O deserto reprova uns e aprova outros. O povo de Israel olhou para os obstáculos; Josué e Calebe, para as possibilidades. O povo olhou para os gigantes; os dois hebreus, para Deus. O povo se viu como gafanhotos; os dois hebreus, como príncipes. O maior inimigo que você enfrenta não é aquele que está à sua frente ou ao seu redor, mas aquele que está dentro de você. Quer conhecer o seu maior inimigo, o seu maior obstáculo? Olhe no espelho! Isaque semeou no deserto e colheu com abundância num tempo em que todos estavam fracassando (Gn 26.12). Uns olham para as dificuldades; outros, para as oportunidades. Uns colhem fracassos; outros semeiam o sucesso. Lama ou estrelas? Dois homens olham através da mesma janela; um vê a lama, o outro, as estrelas. A crise é uma encruzilhada onde uns se enveredam pela trilha do fracasso, enquanto outros botam os pés na estrada do triunfo.

Um homem ébrio e perdulário teve dois filhos. Um triunfou na vida e tornou-se um próspero empresário; o outro seguiu as pegadas do pai e tornou-se um viciado inveterado, um beberrão contumaz e perdeu-se nos labirintos da embriaguez, do vício e do crime, indo parar na prisão. Intrigado pelos destinos tão opostos dos dois homens, filhos do mesmo pai, um repórter foi entrevistá-los. Dirigindo-se ao prisioneiro, perguntou-lhe: "Por que você fracassou na vida, vindo parar na prisão?" O homem respondeu: "Tendo um pai como eu tive, você acha que eu poderia ser outra coisa na vida?" O repórter foi, então, procurar o irmão, fazendo-lhe a seguinte pergunta: "Por que você conseguiu vencer na vida e chegar onde chegou?" O próspero empresário respondeu: "Tendo um pai como eu tive, você acha que eu poderia ser outra coisa na vida?" Ambos os filhos passaram pelas mesmas provas: um caiu, e o outro triunfou; um olhou para baixo, e o outro, para cima; um olhou para a lama, e o outro, para as estrelas; um fracassou, e o outro venceu.

Uma grande empresa de sapatos enviou um vendedor para uma cidade remota, onde pretendia abrir um novo campo de mercado. O vendedor, ao chegar e pesquisar os hábitos do povo, enviou o seguinte telegrama ao presidente da empresa: "Estou voltando. Aqui ninguém usa sapatos. Todos têm o hábito de andar descalços". O presidente da empresa imediatamente o trouxe de volta e enviou outro em seu lugar. Ao chegar à mesma cidade e observar os hábitos do povo, logo enviou um telegrama à empresa: "O campo aqui é virgem, ninguém usa sapatos. Vamos ter um grande sucesso. Envie uma grande remessa, porque todos vão começar a usar sapatos". A diferença está na perspectiva.

3. NO DESERTO DAS ADVERSIDADES SOMOS APERFEIÇOADOS POR DEUS

O deserto tira de nós nossas falsas pretensões e quebra o nosso orgulho. No deserto nossos títulos, diplomas e medalhas de honra ao mérito perdem seu valor. Moisés passou quarenta anos nas universidades do Egito aprendendo a ser alguém. Então Deus o enviou ao deserto. Ali, sob o sol causticante, cuidou de ovelhas, empunhando não o cetro do poder, mas um cajado de pastor. No deserto Moisés aprendeu a ser ninguém. Mas também foi no deserto que ele aprendeu que Deus é tudo. O deserto é onde Deus nos depura, nos enrijece os músculos espirituais e nos prepara para os grandes embates e combates da vida. O povo de Israel ficou tremendo de medo diante das ameaças do gigante Golias. Durante quarenta dias os soldados de Saul saíam do campo de cabeça baixa, amargando profunda humilhação. Tinham armadura, espada, capacete e uma farda bonita e oficial, porém não tinham passado pelo deserto. Eles ainda não tinham enfrentado as feras. Por isso fugiram na hora da refrega. Davi enfrentou o gigante porque já tinha experiência dos livramentos de Deus. Ele já tinha se graduado na escola do deserto. Já havia se diplomado na universidade das dificuldades. O mundo está cheio de teorias. Os corifeus da intelectualidade sobem nas suas cátedras e alardeiam de lá a receita para a vitória. Eles falam sobre os passos para vencer os gigantes e ensinam sobre as leis do sucesso, contudo nunca passaram pelo deserto, nunca enfrentaram um gigante. Eles são apenas teóricos e nunca foram acrisolados. Eles não conseguem viver suas próprias teorias. Na verdade, um grama de ação vale mais do que uma tonelada de teoria.

4. NO DESERTO DAS ADVERSIDADES EXPERIMENTAMOS OS MILAGRES DE DEUS

Deus prepara para nós uma mesa no deserto e um banquete na presença dos nossos inimigos (Sl 23.5). Ele ainda faz brotar água da rocha e o deserto florescer. Salmo 84.5-7 ensina-nos três importantes realizações de Deus nos vales áridos do deserto da vida.

Primeira: Podemos ter uma atitude transcendental diante dos desertos causticantes da vida (v. 5). Os nossos pés podem estar no vale enquanto o nosso coração está no plano. Podemos alçar voos por sobre as nuvens turbulentas, aquietar a nossa alma no meio da tempestade e nos agasalhar sob as asas do onipotente. Ele nos carrega no colo quando nossas forças se esvaem.

Segunda: Deus transforma nossos vales secos em mananciais (v. 6). Ele não apenas transforma nossos sentimentos, mas também as circunstâncias. Deus não apenas acalma o nosso coração, mas acalma também a tempestade. Ele não apenas faz sossegar o nosso coração nos lugares áridos, mas também arrebenta fontes no nosso deserto. O nosso deserto pode florescer. Podemos extrair força da fraqueza. Luiz Braille ficou cego aos três anos de idade. Foi levado para um instituto de cegos. Ele poderia ter sepultado ali suas esperanças de viver de uma maneira vitoriosa. Contudo, aquele jovem cresceu com sonhos na alma e criou o sistema braille de leitura; hoje milhões de pessoas cegas em todo o mundo podem ler e beber das fontes do conhecimento. Ele transformou seu vale em manancial. John Bunyan transformou sua prisão num oásis para milhões de pessoas em todo o mundo. Da masmorra úmida e fria escreveu o famoso livro *O peregrino*, que tem sido fonte de inspiração para muitas gerações. William Cowper transformou seus terríveis ataques de depressão em música doce e consoladora para milhares de almas aflitas. O apóstolo Paulo fez de suas prisões instrumentos de bênção para o mundo inteiro, pois dali escreveu várias de suas cartas, que são verdadeiros luzeiros de esperança neste mundo de trevas. Quando o povo de Judá foi arrancado de Jerusalém em 586 a.C. pela truculência de Nabucodonosor, perdeu a capacidade de cantar no cativeiro (Sl 137). Eles dependuraram suas harpas nos salgueiros e mergulharam seu coração no poço escuro da nostalgia. Remoeram suas reminiscências amargas e alimentaram o coração com o combustível do ódio. Daniel estava vivendo nas mesmas circunstâncias, cruzando o mesmo deserto, mas, em vez de viver de saudosismo doentio, entregando-se à amargura, resolveu ser bênção onde estava. Seu deserto floresceu e até hoje ouvimos falar mais em Daniel do que na Babilônia.

Terceira: Para cada deserto Deus nos dá uma porção de força (v. 7). Deus nunca nos capacita de uma única vez para passar por todas as provas. A cada momento precisamos depender dele. Quando o nosso vigor acaba, os nossos joelhos ficam trôpegos, as nossas mãos ficam descaídas, os nossos olhos ficam embaçados e as nossas pernas ficam bambas, então Deus vem e infunde força em nós. Assim, vamos indo de força em força até chegar diante de Deus em Sião.

O deserto é a escola superior do Espírito Santo onde Deus treina os seus líderes mais importantes. O deserto não é um acidente de percurso na jornada da vida, mas uma agenda de Deus. É Deus quem nos matricula na escola do deserto. Nessa escola, Deus trabalha em nós antes de trabalhar através de nós. Deus está mais interessado em quem nós somos do que no que nós fazemos. Vida com Deus precede trabalho para Deus. Na escola do deserto somos reduzidos a nada para entendermos que Deus é tudo. A escola do deserto não tem o propósito de nos derrotar, mas de fortalecer as musculaturas da nossa alma e nos equipar para consagradoras vitórias.

10

O BAMBU CRESCE À BEIRA DAS FONTES

O BAMBU TEM UMA predileção para os lugares úmidos. Ele, normalmente, cresce à beira dos rios, dos córregos, dos lagos e das fontes. Onde você vir uma touceira de bambu, aí geralmente encontrará uma fonte. Apesar de sobreviver no solo árido sem perder o viço, o bambu prefere os lugares regados por correntes das águas. Assim somos nós. Sobrevivemos no deserto. Somos levados para lá. Mas o deserto não é o nosso *habitat* permanente. Somos plantados junto às correntes das águas (Sl 1.3; Jr 17.8). Deus é o manancial de águas vivas (Jr 2.13). Cristo é a fonte. Ele é a água da vida. Nele estamos plantados. Quando estamos nele, nossa folhagem não murcha, nem os frutos são abortados. Dessa figura do bambu junto às fontes, podemos aprender algumas lições.

1. CRISTO É A FONTE QUE NOS SUSTENTA

Cristo é a fonte da vida. Somos plantados nele. Vivemos nele. Ele é a fonte da vida. Dele procede a seiva da vida. Nossa união com Cristo é vital e orgânica. Estamos em Cristo ou estamos perdidos. Fora de

Cristo não há verdade para a nossa mente, não há caminho para os nossos pés, nem vida para a nossa alma. Sem Cristo ninguém pode ser reconciliado com Deus. Cristo é a ponte que nos liga a Deus. Há uma união vital entre Cristo e a igreja. Estamos nele, e ele está em nós. Com ele morremos, com ele ressuscitamos e com ele estamos assentados nas regiões celestiais. Ele é a nossa vida. Ele é o cabeça, e nós somos o corpo. Cristo é a videira, e nós os ramos. Ele é o noivo, e nós somos a noiva. Ele é o fundamento, e nós somos as pedras vivas. Cristo é o pastor, e nós somos as suas ovelhas. Só ele é a fonte que nos sustenta. Jesus é o caminho para os nossos pés, a nossa porta de entrada do paraíso, o pão do céu que nos sustenta, a água viva que nos satisfaz, o sol da justiça que nos aquece, o leão da tribo de Judá que nos defende, o cordeiro santo que se entregou por nós, o advogado que intercede por nós, o Verbo eterno que se fez carne, morreu, ressuscitou e vive por nós. Ele é a fonte inesgotável de toda graça!

2. QUANDO ESTAMOS EM CRISTO, BUSCAMOS AS FONTES DO ESPÍRITO PARA UMA VIDA ABUNDANTE

As raízes do bambu buscam as fontes das águas, extraindo daí alimento, força e poder para crescer. Assim também somos nós. Quem está em Cristo bebe das fontes do Espírito. O Espírito nos foi dado para vivermos em Cristo e para a glória de Deus. O Espírito Santo habita em nós. Ele nos sela, equipa, santifica e nos reveste de poder. Viver no Espírito é viver uma vida cristocêntrica. O ministério do Espírito é nos transformar na imagem de Jesus. O Espírito não aponta para si mesmo; ele revela Jesus a nós. Seu ministério é como um holofote. Sua finalidade é refletir sua luz não sobre si mesmo. O Espírito Santo veio para revelar Jesus. Viver no Espírito é viver em Cristo. Viver no Espírito é andar em novidade de vida, é morrer para o pecado e viver para Deus. Viver no Espírito é crucificar a carne com as suas paixões e ser transformado à imagem de Cristo. Viver no Espírito é ter o caráter de Cristo, é ser revestido de poder para testemunhar. Viver no Espírito é fazer missões, perdoar, andar em santidade, amar, alegrar-se no sofrimento e viver extraordinariamente na jornada ordinária da vida.

3. QUANDO ESTAMOS EM CRISTO, A FONTE DA VIDA, NOSSA FOLHAGEM NÃO MURCHA

A folhagem é a nossa aparência, nossa apresentação. É o brilho da nossa face. É o nosso retrato falado. Quando estamos em Cristo, nosso rosto recebe um brilho novo, a glória de Deus resplandece em nossa face. O brilho de Deus, mesmo na dor, inunda de alegria o nosso ser e enche a nossa alma de paz mesmo nos lugares áridos. Os discípulos se alegraram até mesmo nas prisões. Eles cantavam mesmo debaixo dos açoites. As pessoas que tentavam calar a voz dos discípulos tinham a certeza de que eles estiveram com Jesus. Estêvão enfrentou o martírio com o rosto brilhando. Paulo tombou no campo de batalha como um vencedor, ao dizer: "Eu sei em quem tenho crido, e agora a coroa de justiça já me está preparada". Policarpo, ao ser martirizado, disse: "Eu sirvo a Jesus há 86 anos, e ele nunca me fez nenhum mal. Eu não posso negá-lo".

4. QUANDO ESTAMOS LIGADOS À FONTE, DAMOS O NOSSO FRUTO NO DEVIDO TEMPO

Há tipos diferentes de árvores. Existem árvores cuja finalidade é produzir sombra. Outras são plantas ornamentais. Há aquelas que têm o propósito de produzir madeira. Outras são frutíferas. Cada uma tem a sua utilidade, e todas cumprem com as suas funções. O bambu, porém, tem múltipla finalidade. Assim é a igreja. O povo de Deus é como uma planta ornamental; o mundo se torna mais belo pela presença da igreja. Somos, porém, acima de tudo, plantas frutíferas. Deus não requer de nós apenas folhas, mas espera fruto, muitos frutos (Jo 15.8). Fruto não são apenas obras, mas sobretudo vida e caráter. Quando Paulo fala do fruto do Espírito, fala das virtudes que ornam o caráter de Cristo. Em Mateus 7.21-23 Jesus fala de pessoas que tinham obras, mas não tinham vida. Tinham obras, mas não tinham fruto. Quem está em Cristo, além de folhagem, tem também fruto. Somos como o bambu.

Um dos exemplos mais eloquentes da verdade que estamos expondo é José do Egito. Quando Jacó, seu pai, o abençoou, resumiu sua vida nestes termos: *José é um ramo frutífero, ramo frutífero junto à fonte; seus galhos se estendem sobre o muro* (Gn 49.22). Três verdades são destacadas aqui. Primeira, José é um ramo frutífero. Há muitos ramos estéreis. Há muitos ramos que só têm folhas e nenhum fruto. Há muitos ramos que, mesmo sugando toda a seiva, nada produzem. É importante ressaltar que Deus espera de nós frutos, e não folhas. Quer ver em nós obras dignas de arrependimento, e não apenas propaganda de frutos. A segunda verdade destacada do texto é que José é um ramo frutífero junto à fonte. O segredo da vitória desse homem é sua comunhão com Deus. Ele foi um exemplo na casa do pai. Mesmo odiado por seus irmãos, jamais abriu mão de seus princípios e valores. Mesmo sendo jogado num poço e depois vendido como escravo, jamais nutriu mágoa no seu coração. Mesmo sendo levado para o Egito e vendido como mercadoria barata, abençoou a casa de seu senhor. Mesmo sendo injustamente acusado e jogado numa prisão, tornou-se bênção até mesmo na masmorra. Saindo da cadeia para o trono do Egito, não se vingou de seus algozes, mas ofereceu a eles seu perdão e sua melhor provisão. A última verdade é que José estende seus galhos sobre o muro. Isso significa que José foi um abençoador para além das fronteiras domésticas. Ele foi um influenciador não apenas em sua casa e em seu trabalho, mas reverberou sua influência para além dos muros, para além das fronteiras de sua nação. O impacto de seu testemunho está diretamente ligado ao fato de que ele andou com Deus e extraiu desse relacionamento todo o poder para uma vida vitoriosa!

CONCLUSÃO

Precisamos abrir os olhos e enxergar pelas janelas da natureza as lindas paisagens e os ricos panoramas que Deus esboça diante de nós todos os dias. Em cada manhã e em cada pôr do sol, Deus desenha para nós um majestoso quadro de beleza inefável. Não há nenhum pôr do sol igual ao outro. Nenhuma gota de orvalho é igual à outra. Deus é rico em sua forma de se manifestar. A terra está cheia da sua bondade e da sua sabedoria. Precisamos aprender a admirar a beleza dos prados verdejantes e dos jardins engrinaldados de flores. Precisamos aprender a ver o encanto das flores com suas pétalas aveludadas e seus matizes policromáticos. Precisamos sentir o aroma dos campos com sua relva farfalhante, aspergidos pelo orvalho do céu. Necessitamos sentir o roçar da brisa tocando a nossa pele. Precisamos admirar o mistério de uma noite com a abóbada celeste bordejada de estrelas reluzentes, iluminada pelo luar cor de prata. Precisamos aprender a ouvir a música variada e rica dos pássaros, o som majestoso das fontes e cascatas, a sonoridade das ondas do mar que beijam as brancas areias da praia. Precisamos ver as impressões digitais do criador nas obras da sua criação. Tudo Deus fez perfeito para o louvor da sua glória e deleite do homem. Vemos Deus na natureza. Suas digitais podem ser vistas em toda a criação. Os céus proclamam a sua glória e o firmamento anuncia as obras das suas mãos.

O bambu foi criado por Deus. Mais do que sua obra, ele é um pedagogo de Deus. Através dele aprendemos várias lições. Outras ainda podem ser exploradas. Não se esqueça de manter os olhos bem abertos, os ouvidos bem atentos e o coração em sintonia com o Deus que fala através das obras da criação, por sua bendita palavra e por seu Filho amado!

Sua opinião é importante para nós.
Por gentileza, envie-nos seus comentários pelo e-mail:

editorial@hagnos.com.br

Visite nosso site:

www.hagnos.com.br